창업부터 성장까지, 네 명의 전문가가 만든
완전체 생존 가이드

소상공인 필승 전략

창업부터 성장까지, 네 명의 전문가가 만든 완전체 생존 가이드

소상공인 필승 전략

초판 1쇄 인쇄 2026년 1월 05일
초판 1쇄 발행 2026년 1월 15일

지은이 정해숙 박현미 이경숙 강성일
펴낸이 김현준
편 집 류석균
디자인 전영진
펴낸곳 소금나무
　　　　주소 (07314) 서울시 영등포구 신길로 214, B 101-1호 ㈜시간팩토리
　　　　전화 02-720-9696 팩스 070-7756-2000
　　　　메일 sogeumnamu@naver.com
　　　　출판등록 제2025-000036호(2025.03.11.)

ISBN 979-11-996087-0-2 13320

소금나무는 ㈜시간팩토리의 출판 브랜드입니다.

정해숙 | 박현미 | 이경숙 | 강성일 지음

창업부터 성장까지, 네 명의 전문가가 만든
완전체 생존 가이드

소상공인
필승 전략

소금나무

추천사

현병환
대전대학교 일반대학원 융합컨설팅학과 기술경영전공 교수(현 특임교수)

『소상공인 필승 전략』은 네 명의 저자들이 각자의 자리에서 흘린 땀과 열정 그리고 수많은 현장의 경험이 녹아든 값진 결실입니다. 저자들은 모두 나의 제자이자 학문과 실무를 겸비한 진정한 전문가들입니다. 늘 성실히 배우고, 그 배움을 현장에서 실천하며, 사람과 사회를 따뜻하게 만드는 모습이 참으로 자랑스럽습니다.

이 책은 단순한 창업 지침서가 아니라 현실의 벽 앞에서도 포기하지 않는 이들에게 건네는 따뜻한 위로이자 희망의 메시지입니다. 소상공인의 도전과 성장을 위한 이들의 진심이 독자 한 사람 한 사람의 마음에 용기와 확신으로 스며들기를 바랍니다.

이 책이 어려운 시대를 살아가는 모든 소상공인에게 작은 등불이 되기를 진심으로 기원합니다.

서영욱

대전대학교 일반대학원 융합컨설팅학과 글로벌경영전공 교수(현 학과장)

소상공인들이 치열한 경쟁 속에서 살아남고 성장하기 위해서는 단순한 열정만으로는 부족합니다. 체계적인 전략과 실천 가능한 방법론이 필요합니다.

이번에 정해숙 교수, 이경숙 원장, 박현미 매니저, 강성일 컨설턴트가 함께 펴낸 『소상공인 필승 전략』은 현장에서 바로 적용할 수 있는 실용적인 지혜가 담긴 귀한 결실입니다. 오랜 시간 현장에서 쌓아온 경험과 학문적 통찰을 융합하여 소상공인들이 직면한 실질적인 문제에 대한 해법을 제시하고 있습니다.

이 책은 단순히 이론을 나열하는 데 그치지 않고, 소상공인들이 실제로 겪는 어려움을 이해하면서 이를 극복할 수 있는 구체적인 전략을 담았습니다. 경영 컨설팅의 관점에서 바라본 창업과 경영의 핵심 노하우는 많은 소상공인들에게 든든한 길잡이가 될 것입니다.

우리 경제의 중요한 축인 소상공인 여러분께 이 책을 자신 있게 추천합니다.

왜 우리는 함께 썼는가

"사장님, 요즘 장사가 어때요?"

이런 질문을 받을 때마다 대부분의 소상공인은 한숨부터 내쉰다.

"힘들어요, 경쟁이 너무 심해요, 요즘 장사가 안 되네요."

늘 비슷한 대답들이다. 하지만 같은 업종, 같은 지역에서도 성공하는 사람이 분명히 있다. 무엇이 다를까?

우리 네 명의 저자는 각각 다른 분야에서 소상공인을 만나왔다. 정해숙 교수는 경영 컨설팅 현장에서, 박현미 매니저는 창업 보육 현장에서, 이경숙 원장은 직접 사업을 운영하면서, 강성일 컨설턴트는 품질 관리 시스템을 구축하며 수많은 소상공인을 지켜봤다.

그리고 우리는 깨달았다. 소상공인의 성공은 어느 '한 분야'만 잘해서는 이룰 수 없다는 것을. 경영학 이론만 알아서도, 정부 지원만 잘 받아서도, 현장 경험만 풍부해서도, 시스템만 완벽해서도 안 된다. 이 모든 것이 유기적으로 연결되어야 한다.

서점에는 특정 분야에만 집중한 책이 많다. 마케팅만 다루거나, 창업 절차만 설명하거나, 성공 사례만 나열하는 책들 말이다. 하지만 실제 사업은 그렇게 단순하지 않다. 아무리 좋은 마케팅 기법을 알아도 기본적인 손익분기점을 계산하지 못하면 돈을 벌 수 없다. 정부 지원을 많이 받아도 고객 서비스가 형편없으면 지속할 수 없다. 직원 관리를 아무리 잘해도 품질 관리 시스템이 없으면 확장할 수 없다.

그래서 우리는 결심했다. 각자의 전문성을 하나로 모아 소상공인이 창업부터 성장까지 필요한 모든 것을 담은 책을 쓰자고. 이론과 실무, 정책과 현장, 시작과 확장을 아우르는 진정한 '완전체' 가이드를 만들자고.

이 책의 PART 01에서는 정해숙 교수가 "왜 망하는가 vs 왜 성공하는가"라는 근본적인 질문에 대해 경영학적 관점으로 답한다. 손익분기점, 현금흐름, 고객가치, 비즈니스 모델까지 반드시 알아야 할 경영의 핵심을 쉽고 명확하게 설명한다.

PART 02에서는 박현미 매니저가 "씨앗 뿌리기"라는 제목으로 창업 준비의 모든 것을 다룬다. 정부 지원 사업 활용 방법부터 사업계획서 작성 요령, 상권 분석까지 실패율을 제로에 가깝게 만드는 창업 준비의 비법을 공개한다.

PART 03에서는 이경숙 원장이 "열매 맺기"라는 주제로 고객의 마음을 사로잡는 현장의 기술을 전수한다. 20년간 황후테라피를 운영하며 터득한 고객 관리의 노하우, 불만 고객을 평생 팬으로 만드는 방법, 진정성 있는 브랜딩까지 현장에서만 배울 수 있는 살아있는 지혜를 담았다.

PART 04에서는 강성일 컨설턴트가 "뿌리 내리기"라는 관점으로 지속 성장을 위한 체계적 경영을 제시한다. 6시그마 전문가답게 데이터 기반의 의사결정, 체계적인 인사관리, 표준화된 업무 프로세스까지 무너지지 않는 사업의 기반을 만드는 법을 알려준다.

우리는 이 책이 당신의 비즈니스에 가장 강력한 나침반이 될 것이라고 확신한다. 단순히 성공 사례를 모방하는 것이 아니라 당신만의 길을 찾아갈 수 있는 원리와 원칙을 제시했기 때문이다.

세상에는 수많은 창업 도서가 있지만, 네 명의 서로 다른 전문가가 유기적으로 연결된 하나의 이야기를 들려주는 책은 이것이 유일할 것이다. 우리가 각자의 현장에서 만난 성공과 실패의 사례들, 수십 년간 축적된 노하우와 통찰이 모두 이 한 권에 담겨 있다.

이제 당신의 차례다. 이 책을 단순히 읽기만 하지 말고 실천하라. 각 장마다 제시된 체크리스트를 활용하고, 템플릿을 활용해서 실제로 적용해보라. 우리는 당신이 반드시 성공할 것이라고 믿는다. 그리고 그 성공을 함께 만들어가길 기대한다.

소상공인들의 희망찬 2026년을 기원하며...
정해숙, 박현미, 이경숙, 강성일

Contents

PART 01   정해숙

왜 망하는가 vs 왜 성공하는가

CHAPTER 01
성공하는 소상공인들의 경영학적 비밀

CHAPTER 02
지속 가능한 경영의 조건

박현미

PART 02

씨앗 뿌리기: 실패율 제로에 도전하는 창업 준비

CHAPTER 06
상권 분석과 입지 선정

PART 03

이경숙

열매 맺기: 고객의 마음을 사로잡는 현장의 기술

CHAPTER 07
돈 들이지 않고 단골고객 만드는 법

CHAPTER 08
불만 고객을 평생 고객으로

CHAPTER 09
SNS 마케팅

뿌리 내리기: 지속 성장을 위한 체계적 경영

CHAPTER 10
감이 아닌 데이터로 경영하라

CHAPTER 11
일 잘하는 직원은 어떻게 만들어지는가

CHAPTER 12
사업 확장의 조건

왜 망하는가
vs 왜 성공하는가

정해숙

경영컨설팅학 박사로 연세대학교 겸임교수로 재직 중이며, 서민금융진흥원·소상공인시장진흥공단·강원도경제진흥원 컨설턴트로 500여 회 이상 컨설팅을 진행하고 있다. 국민권익위원회 청렴연수원과 인사혁신처 등록 전문강사로서 청렴과 적극행정분야 교육을 수행하며 공공과 민간의 지속 가능한 발전에 기여하고 있다.

Chapter 01

성공하는 소상공인들의 경영학적 비밀

경영 컨설팅 현장에서 만나는 소상공인들은 이구동성으로 영업이 힘든 이유로 '불경기라서 또는 사람들이 돈을 안 써서'라는 자기방어를 하며 어려움을 토로한다. 경영의 성과가 나지 않는 것을 대표의 경영 방식에서 찾는 것이 아니라 외부 요인으로 전가하며 어렵다고 말한다.

그러나 "대표는 최선을 다하고 있는가?"라는 질문에 명쾌한 답을 얻어내기 쉽지 않다. 우리 가게의 음식은 정말 맛있다는 자기 평가가 왜곡되고 있음을 인지하지 못한다는 것이다. 또한 우리 미용실은 최고의 서비스를 하고 있는데 왜 고객이 방문하지 않는지 그 이유에 대해 고객이 소상공인 매장을 알아보지 못한다면서 정작 대표의 경영 방식을 혁신해야 함을 인식하지 못하고 있는 경우가 대부분이다.

그래도 사업의 가장 기본 원칙을 수행하지 않으면서 고객 탓, 사회 환경 탓을 하는 대표들과 상담하면서 변화하는 의지를 보이는 분들은 컨설팅 이후 변화와 매출 상승을 경험하기도 한다.

대한민국에서 소상공인으로 살아남는다는 것은 결코 쉬운 일이 아니다. 통계청 자료에 따르면, 창업 후 5년 생존율은 30%에 불과하다. 그렇다면 살아남는 30%와 사라지는 70%의 차이는 무엇일까?

지난 27년간 소상공인 대표로 500여 업체의 컨설팅을 진행하며 발견한 사실은 명확하다. 성공하는 대표들은 '숫자'를 안다. 단순히 매출과 지출을 기록하는 수준이 아니라, 그 숫자가 말하는 의미를 읽고 미래를 예측하며 전략적 결정을 내린다.

이 장에서는 당신이 반드시 알아야 할 경영학의 핵심 개념들을 실제 사례와 함께 쉽게 풀어내고자 한다. 복잡한 이론은 최대한 배제하고, 오늘 당장 써먹을 수 있는 실전 지식만 담았다. 손익분기점과 현금흐름 그리고 고객가치 내용을 제대로 이해하고 활용하면 당신의 사업은 확실히 달라질 것이다.

사업을 시작하는 사람들은 좋은 아이템만 있으면 성공할 수 있다고 믿는다. 그러나 시장에서 오래 살아남으려면 아이템보다 경영의 기본기를 철저히 이해하고 실행해야 한다. 장사란 단순히 물건을 파는 일이 아니라 숫자와 심리, 전략과 실행이 어우러진 복합적인 경영학이기 때문이다. 여기서는 성공하는 소상공인들이 반드시 가지고 있는 다섯 가지 비밀을 살펴본다.

손익분기점의 마법:
언제부터 돈을 벌기 시작하는가?

예로부터 "장사해서 남는 게 하나도 없다"라는 말을 우리는 흔히 들었다. 과연 이 말은 진실일까 아니면 과장된 표현일까? 고객이 발 디딜 틈 없는 호황을 누리는 매장의 대표들에게서 의외로 자주 들을 수 있는 이야기가 있다.

"열심히 일하고 손님도 많은데 남는 게 없어요.", "매번 현금이 부족해서 돈을 빌려야 해요."

겉으로 보기에는 장사가 잘되는 듯 보인다. 가게 안은 늘 손님들로 북적이고 매출도 꾸준히 올라가는 것처럼 보인다. 그러나 정작 통장에는 돈이 쌓이지 않는 아이러니한 현실이다. 왜 이런 상황이 발생하는 것일까? 열심히 번 돈은 어디로 사라지고 마는 것일까?

현장을 자세히 들여다보면 원인은 분명하다. 하루하루 들어오는 매출은 식자재 비용, 주류 비용, 인건비, 배달 수수료, 공과금, 월세 등으로 흘러나간다. 돈은 돌지만 쌓이지 않으니 현금흐름은 늘 빠듯하다. 남는 것은 피곤한 육체와 불안정한 현금흐름뿐이다. 장사가 잘되는 듯한 외형과 실제 이익의 부재 사이에서 소상공인들이 아이러니한 현실을 경험하는 것이다.

이 문제를 풀기 위해 반드시 이해해야 할 개념이 있다. 바로 손익분기점이다. 손익분기점은 총수입과 총비용이 일치하는 지점, 즉 본전이 되는 시점이다. 이 지점을 넘어서는 순간부터 비로소 이익이 발생한다. 손님이 많고 매출이 커 보여도 실제 손익분기점에 미치지 못하면, 장사는 잘되는 게 아니라 오히려 적자 운영일 수밖에 없다. 따라서 무엇보다 먼저 자신의 사업에서 손익분기점이 얼마인지, 어느 지점에 있는지부터 정확히 아는 것이 필요하다. 손님이 많은데도 돈이 남지 않는 이유는 바로 자신들의 손익분기점을 제대로 알지 못하기 때문이다.

예를 들어 월 매출이 3,000만 원이라면 괜찮다고 착각하기 쉽다. 그러나 실제 손익분기점이 3,500만 원이라면 아무리 손님이 많아도 매달 500만 원씩 적자가 나고 있는 셈이다. 겉보기에는 장사가 잘되는 것 같아도 속으로는 흑자도산의 위험에 빠질 수 있는 것이다. 그렇기에 자신의 사업 구조에서 손익분기점을 정확히 계산하고 관리하는 것은 생존을 위한 필수 조건이라 할 수 있다.

손익분기점 계산은 생각보다 단순하다. 고정비를 한계이익률로 나누면 된다. 고정비란 매출과 상관없이 매달 나가는 비용으로 임대료, 인건비, 보험료 등이 이에 해당한다. 변동비는 매출에 따라 함께 늘어나는 비용으로 식자재비, 포장비, 배달 수수료 등이 해당한다. 한계이익률은 매출액에서 변동비를 뺀 뒤 매출액으로 나눈 비율, 즉 매출 1원당 얼마의 이익이 남는지를 보여주는 수치다.

카페를 운영하는 김 대표의 사례를 보자. 김 대표의 월 고정비는 1,500만 원이다. 원재료비는 매출의 40%를 차지한다. 그렇다면 한계이익률은 60%가 된다. 이때 손익분기점은 1,500만 원을 0.6으로 나눈 2,500만 원이다. 결국 김 대표는 매달 매출이 2,500만 원을 넘어야 비로소 흑자에 들어설 수 있다.

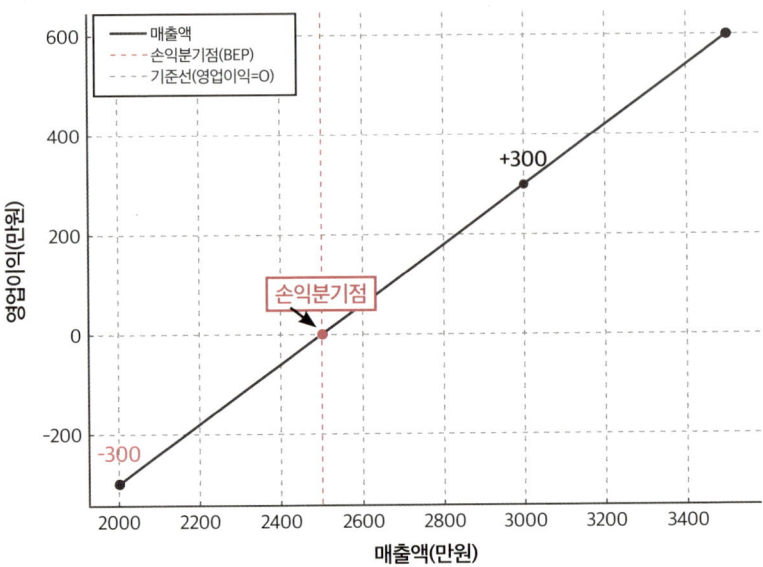

<김 대표 카페의 손익분기점>

이처럼 손익분기점은 단순한 계산으로 구할 수 있지만, 이 수치를 알고 운영하는 것과 모르고 운영하는 것의 차이는 엄청나다.

소상공인에게 손익분기점은 단순한 계산 결과가 아니라 사업의 생존과 성장을 가르는 경계선이다. 손익분기점이 높다는 것은 매달 일정 수준 이상의 매출을 올려야만 겨우 본전을 맞춘다는 뜻이다. 문제는 매출이 안정적이기보다 늘 변동한다는 데 있다. 계절적 요인, 경기 침체, 경쟁업체 등장, 소비자 기호 변화, 사회적 이슈 등 예측하기 어려운 변수로 인해 매출은 언제든 흔들릴 수 있다. 손익분기점이 높은 상태에서 매출이 조금만 줄어도 곧바로 적자로 전환된다. 결국 소상공인은 매일같이 불안 속에서 장사를 이어 가야 하고, 현금 부족에 시달릴 수밖에 없다.

반대로 손익분기점을 낮추면 상황은 달라진다. 매출이 다소 줄어들더라도 본전 이상을 유지할 수 있고, 낮은 매출 증가만으로도 이익을 남길 수 있다. 즉 사업 운영의 안정성을 확보할 수 있는 것이다. 또한 손익분기점이 낮을수록 투자 여력과 현금흐름이 좋아지면서 새로운 시도의 기회가 생겨 메뉴 개발, 마케팅 투자, 시설 개선 등 미래 성장을 위한 선택이 가능해진다.

예를 들어 한 분식집이 임대료를 조정하고 인건비를 효율화하여 손익분기점을 3,000만 원에서 2,200만 원으로 낮췄다고 하자. 이 매장은 전에는 월 2,800만 원 매출이면 적자였지만, 손익분기점을 낮춘 후에는 같은 매출에서도 안정적인 이익을 남길 수 있게 되었다. 손익분기점을 낮춘 것이 위기 대응력과 수익 안정성을 동시에 가져다준 것이다.

결국 손익분기점을 낮춰야 하는 이유는 단 하나다. 위험을 줄여 이익을 빠르게 확보하기 위한 것이다. 불확실성이 커지는 시대에 손익분기점이 낮은 구조는 곧 회복탄력성과 지속가능성을 의미한다. 장사가 잘될 때는 물론, 어려움이 닥칠 때도 버티는 힘이 손익분기점을 낮추는 전략에서 나온다.

손익분기점을 낮추는 방법을 살펴보면 두 가지로 요약할 수 있다. 하나는 고정비를 줄이는 것이고, 다른 하나는 한계이익률을 높이는 것이다. 고정비 절감은 임대료 협상, 불필요한 지출 제거, 인건비 효율화 등을 통해 가능하다. 한 분식집은 건물주와 장기 계약을 체결해 임대료를 10% 낮추었고, 가족 경영 체제로 전환하여 인건비를 30% 줄였다. 그 결과 손익분기점은 3,000만 원에서 2,200만 원으로 낮아졌다. 매출 규모가 조금 줄어도 이익이 남는 구조로 개선된 것이다.

또 다른 방법은 한계이익률을 높이는 것이다. 매출 1원당 더 많은 이익이 남도록 구조를 바꾸는 것이다. 대량 구매를 통해 원가를 절감하고, 선입선출로 재고나 폐기율을 줄이며, 마진율이 높은 상품의 비중을 늘려야 한다. 실제로 한 베이커리는 빵 종류를 30개에서 15개로 줄이고, 대신 케이크와 디저트 같은 마진 높은 상품의 비중을 늘렸다. 그 결과 평균 한계이익률이 55%에서 65%로 올라갔고, 같은 매출에서도 순이익이 40%나 증가했다.

업종에 따라 손익분기점에 도달하는 기간은 차이가 있다. 일반적으로 카페는 8개월, 미용실은 10개월, 음식점은 12개월 정도가 소요된다. 이는 법적 기준이나 절대적인 통계라기보다는 소상공인시장진흥공단의 창업 가이드, 프랜차이즈 업계의 투자 회수 기간 그리고 창업 컨설팅 현장에서 축적된 경험치 등을 종합해 볼 때 나타나는 평균치이다. 업계에서는 이 정도의 기간을 '초기 적자를 감내하고 영업이 자리를 잡는 데 필요한 최소한의 시간'으로 인식한다. 따라서 창업자는 업종별 평균 기간을 참고하여 그만큼의 운영자금을 반드시 준비해야 한다. 준비 없이 뛰어든다면 아무리 장사가 잘되는 입지와 상품을 갖추었더라도 현금흐름이 막혀 중도에 포기할 수밖에 없다.

한 치킨집 사장은 손익분기점 도달까지 최소 15개월이 필요할 것으로 예상하고 무려 18개월 치 운영자금을 준비했다. 덕분에 초기 적자를 안정적으로 견뎌내며 영업을 이어 갈 수 있었고, 지금은 매달 1,000만 원 이상의 순이익을 꾸준히 내는 알짜 매장으로 자리 잡았다. 준비된 자금과 손익분기점 관리가 매장의 생존을 좌우한 대표적인 사례다.

결국 손익분기점을 모르면 장사가 잘되는 듯 보여도 실은 적자의 늪에 빠질 수 있다. 반대로 손익분기점을 정확히 알고 이를 낮추는 전략을 실천하면 매출 규모가 크지 않아도 안정적인 수익 구조를 만들 수 있다. 소상공인에게 손익분기점은 단순한 숫자가 아니라 생존과 성장을 가르는 경계선이자 경영의 나침반이다.

"나는 지금 본전을 넘겼는가 아니면 여전히 적자의 선에서 헤매고 있는가?"

이 질문을 늘 마음속에 품는 것, 그것이 지속 가능한 경영의 첫걸음이다.

현금흐름 관리: 흑자도산을 막는 생존 전략

"장사는 잘되는데 왜 돈이 없지?"

많은 소상공인이 공통적으로 하는 고민이다. 매출은 꾸준히 발생하고 손익계산서상 이익도 나는데 정작 통장 잔고는 늘 빠듯하거나 심지어 마이너스로 돌아서는 경우가 있다. 이러한 상황을 흑자도산이라 한다. 장부에는 흑자가 찍혀 있어도 실제로 사용할 수 있는 현금이 없으니 사업을 지속할 수 없게 되는 것이다.

그렇다면 왜 이런 일이 발생할까? 핵심은 매출과 현금 유입 시점의 불일치다. 외상 매출, 카드 결제 정산 지연, 재고 자산 증가 등은 장부상 매출로 잡히지만 실제 현금이 손에 들어오기까지 시간이 걸리게 만든다. 반대로 임대료, 인건비, 원재료비와 같은 비용은 매달 빠짐없이 나간다. 결국 돈이 들어오기 전에 먼저 나갈 돈이 많아지면서 현금이 고갈되는 것이다.

한 인테리어 업체 사례는 이러한 구조적 문제를 잘 보여준다. 이 업체는 월 매출 5,000만 원에 순이익률 20%로 장부상 1,000만 원의 이익을 기록하고 있었다. 그러나 공사 대금을 3개월 후에 받는 조건이었기 때문에 실제 현금은 늘 부족했다. 자재비와 인건비는 즉시 지출해야 했고, 수금은 석 달 뒤에야 가능하니 운영자금은 늘 마른 샘처럼 바닥났다. 결국 은행에서 운영자금 대출을 받아야 했고, 그로 인한 이자 부담으로 실제 이익은 반 토막이 났다. 이처럼 현금흐름을 관리하지 못하면 이익이 나더라도 사업을 이어 가기 어렵다.

따라서 소상공인에게 현금흐름 관리는 단순한 재무 관리가 아니라 생존 전략이다. 그렇다면 어떻게 관리해야 할까?

그 첫걸음은 현금흐름표를 작성하는 습관이다. 복잡할 필요는 없다. 기초 현금을 기준으로 현금 유입(현금 매출, 카드 정산, 외상 회수)과 현금 유출(매입 대금, 임대료, 인건비, 각종 경비)을 구분해서 정리하면 된다. 이를 매주 또는 매월 작성하면 현금 부족 시점을 사전에 예측할 수 있다. 많은 소상공인이 손익계산서에는 익숙하지만, 현금흐름표는 작성하지 않는 경우가 많다. 그러나 현금흐름표야말로 실제 자금 사정을 보여주는 가장 현실적인 지표다.

다음은 소상공인이 직접 작성할 수 있는 간단한 주간 현금흐름표 예시이다.

<현금흐름표 예시>

구분	1주차 (1~7일)	2주차 (8~14일)	3주차 (15~21일)	4주차 (22~말일)	합계(월)
현금 유입	카드 매출 500만 원 현금 매출 100만 원	카드 매출 450만 원	카드 매출 600만 원 현금 매출 120만 원	카드 매출 480만 원	2,250만 원
현금 유출	재료비 300만 원	인건비 250만 원	임대료 150만 원	세금·공과금 120만 원	820만 원
순현금 흐름	+300만 원	+200만 원	+570만 원	+360만 원	+1,430만 원
통장 잔액	300만 원	500만 원	1,070만 원	1,430만 원	1,430만 원

현금흐름을 안정시키려면 현금이 들어오는 속도를 앞당기는 것이 중요하다. 예를 들어 현금 결제 고객에게 소정의 할인을 제공하고, 외상 거래 기간을 단축하거나 선수금을 받는 방식이다. 한 건축자재상

은 현금 결제 시 7% 할인을 제공해 현금 매출 비중을 30%에서 60%까지 늘렸다. 카드 수수료까지 감안하면 오히려 이익이 증가하는 결과를 얻었다. 이처럼 약간의 혜택으로 현금 유입을 앞당기면 사업 안정성은 크게 높아진다.

반대로 현금이 나가는 속도를 늦추는 방법도 있다. 거래처와 협상해 외상 매입 기간을 늘리고, 고액 지출을 분할 납부하거나 재고를 최소화하는 것이다. 한 의류 매장은 계절 상품을 위탁 판매 방식으로 전환했다. 이로써 재고 부담을 80% 줄였고, 팔린 만큼만 정산하면 되니 현금 부담이 크게 줄었다. 재고를 줄이고 지출을 늦추는 것만으로도 현금흐름은 훨씬 넉넉해질 수 있다.

마지막으로 반드시 준비해야 할 것이 바로 현금 쿠션, 즉 비상자금이다. 장사는 언제나 변수가 많으므로 최소 3개월 치 고정비, 가능하다면 6개월 치 고정비를 비상금으로 확보해 두는 것이 바람직하다. 고정비는 매출과 상관없이 매달 빠져나가는 임대료, 인건비, 공과금 같은 비용이므로 이를 버틸 여력이 없으면 사업은 곧바로 흔들린다.

예기치 못한 위기는 언제든 찾아온다. 갑작스러운 설비 고장, 거래처 대금 지연, 계절적 비수기, 사회적 사건·사고로 인한 소비 위축 등은 소상공인이라면 피할 수 없는 현실이다. 이런 상황에서 비상자금이 준비되어 있다면 버틸 수 있지만, 그렇지 않다면 고금리 대출에 의존할 수밖에 없다. 이 경우 단기 위기를 넘기기는커녕 이자 부담이 쌓여 경영난이 더 깊어질 위험이 크다.

따라서 비상자금을 마련하는 것과 동시에, 마이너스 통장이나 정부 지원 운전자금 대출 한도를 미리 확보해 두는 것도 중요하다. 당장은 사용하지 않더라도 필요할 때 즉시 자금을 투입할 수 있는 '안전망'을 갖추는 셈이다.

자금 운용에서 가장 큰 리스크는 돈이 없어서가 아니라 돈이 필요한 순간에 손쓸 방법이 없다는 데 있다. 결국 안정적인 현금 쿠션을 확보하는 것이 곧 사업의 생존력을 높이고, 불확실한 미래에 대응할 수 있는 가장 확실한 보험이 되는 것이다.

현금흐름 관리란 재무 관리 차원을 넘어 소상공인의 사업 생존을 지키는 방패다. 흑자도산의 위험은 누구에게나 닥칠 수 있지만, 현금의 흐름을 미리 읽고 준비한다면 위기를 기회로 바꿀 수 있다. 장부상의 이익보나 중요한 것은 오늘 당장 지출할 수 있는 현금이며, 현금의 흐름을 관리하는 습관이야말로 소상공인이 안정적으로 성장하는 가장 확실한 방법이다.

고객가치 방정식: 가격이 아닌 가치로 승부하라

소상공인이 성공하기 위해 반드시 갖추어야 할 조건은 단순한 상품의 우수성이나 가격 경쟁력만이 아니다. 진정으로 고객의 마음을 움직이고 다시 매장을 찾게 만드는 힘은 그 업체만의 고유한 가치와 이를 뒷받침하는 스토리텔링에 있다. 그러나 그보다 앞서 놓쳐서는 안 되는 것이 있다. 바로 업태에 상관없이 반드시 지켜야 할 기본이다. 기본이 무너지면 아무리 좋은 가치나 이야기도 고객에게 전달되지 않는다. 외식업을 예로 들면 성공을 좌우하는 기본은 서비스, 맛, 위생 이 세 가지로 요약할 수 있다.

첫 번째는 서비스다. 외식업은 '환대 산업(Hospitality Industry)'에 속한다. 고객을 따뜻하게 맞이하고 친절하게 응대하는 것이 그 출발점이다. 그런데 매장을 방문한 고객이 문을 열고 들어섰을 때 직원들이 데면데면 바라보기만 한다면 어떨까. 고객은 순간적으로 머쓱해지고 환영받지 못한다는 느낌을 받는다.

필자가 컨설팅을 위해 의뢰인과 함께 카페를 찾았던 적이 있었다. 음료를 주문받는 바리스타의 표정이 불편하고 굳어 있었는데, 이런 경우 나는 종종 이렇게 묻곤 한다.

"혹시 어디 불편하세요?", "기분 나쁜 일이라도 있으신가요?"

이 질문 속에는 사실상 '당신의 표정이 나를 불편하게 하고 있습니다'라는 의미가 담겨 있다. 대표나 직원이 무표정한 얼굴로 고객을 맞이하는 것은 충성고객을 만들기 위해 가장 피해야 할 모습이다. 서비스는 단순히 주문을 받고 음식을 가져다주는 행위가 아니라 표정과 태도로 고객을 환대하는 일에서 시작한다. 더불어 고객이 부담 없이 다가올 수 있도록 합리적인 가격과 명확한 안내를 유지하는 것 또한 서비스의 중요한 부분임을 잊어서는 안 된다.

두 번째는 맛이다. 음식의 맛은 단순히 혀끝으로만 느껴지는 것이 아니다. 우리는 다섯 가지 감각을 모두 동원해 음식을 경험한다. 지글지글 소리를 내며 구워지는 소리는 청각을 자극하고, 코끝을 간질이는 향기는 후각을 깨운다. 입안에 퍼지는 폭신하거나 쫄깃한 식감은 촉각의 경험이며, 화려하게 장식된 고명과 담음새는 눈으로 감상하는 시각적 즐거움이다. 마지막으로 미각이 이 모든 경험을 완성한다. 이처럼 맛은 다섯 감각의 종합 예술이다. 따라서 담음새는 고객이 맛을 보기 이전에 감동을 줄 수 있는 첫 순간이다.

만약 고객이 테이블 위에 놓인 음식을 보고 아무런 감흥도 없이 수저를 든다면 그것은 절호의 홍보 기회를 놓친 셈이다. 반대로 고객이 감탄하며 스마트폰을 꺼내 사진을 찍으면 이미 절반은 성공한 것이다. 시각적으로 만족한 고객은 음식의 맛에도 큰 불만을 가지지 않고, 친절한 서비스까지 곁들여진다면 자연스럽게 매장의 긍정적인 경험을 온라인에 공유한다. 스마트플레이스, 블로그, 인스타그램이나 페이스북에 올려지는 사진 한 장과 리뷰 한 줄은 가장 효과적인 홍보 수단이 된다. 결국 음식의 맛은 고객의 다섯 감각을 얼마나 만족시키는가에 달려 있다.

세 번째는 **위생이다.** 위생은 눈에 보이는 청결만을 의미하지 않는다. 매장 내부와 외부, 주방의 도구, 화장실, 직원의 앞치마까지 고객이 직접 보지 못하는 곳까지 철저히 관리해야 한다. 위생은 곧 신뢰다. 청결하게 관리된 매장은 고객으로 하여금 안심하게 만들고, 다시 찾아올 이유를 제공한다. 반대로 작은 부분에서라도 청결이 무너지면 아무리 좋은 맛과 친절한 서비스도 그 가치를 잃는다.

서비스, 맛, 위생 이 세 가지는 외식업뿐 아니라 모든 소상공인의 성공을 위한 보편적 기본 원칙이다. 서비스에서 환대를 실천하고, 맛을 통해 고객의 다섯 감각을 만족시키며, 위생으로 신뢰를 담보할 때 비로소 고객은 그 업체의 가치를 체감한다. 기본에 충실한 토대 위에서만 차별화된 스토리와 경쟁력이 빛을 발한다. 성공하는 소상공인이 되기 위해서는 화려한 전략보다 기본의 힘을 먼저 점검해야 한다.

이렇듯 외식업의 기본은 서비스, 맛, 위생이라는 세 가지 요소로 요약할 수 있다. 이는 단순한 지침을 넘어 전 세계 외식업계가 공유하는 보편적 매뉴얼로 자리 잡았다. 이러한 흐름은 1940년대 말~1950년대 미국에서 작은 햄버거 가게로 출발한 맥도날드의 운영 혁신을 통해 본격적으로 체계화되었다. 1948년 맥도날드 형제는 조리와 동선, 위생을 표준화한 '스피디 서비스 시스템(Speedee Service System)'을 도입해 신속한 서비스와 일정한 맛, 엄격한 위생을 구현했고, 1955년 레이 크록에 의해 프랜차이즈 확장이 본격화되면서 이러한 원칙은 업계 전반의 표준으로 확산됐다. 이 세 가지 기준은 햄버거 가게를 성공적으로 운영하기 위한 규칙뿐만 아니라 외식업 전반에 적용 가능한 보편 원칙으로 발전했다.

오늘날에도 외식업 경영자와 종사자들은 서비스로 만족을 제공하고, 변함없는 맛으로 신뢰를 쌓으며, 위생으로 안전을 보장하는 것을 최우선 가치로 삼는다. 결국 서비스와 맛 그리고 위생이라는 세 축은 모든 외식업 성공을 결정짓는 필수 기준으로 자리매김한 것이다.

스토리가 있는 매장은 고객을 단순한 소비자가 아닌 자발적 마케터로 활동하게 만든다. 수원대학교 후문에 있는 한 칼국수 매장은 식사 시간마다 많은 고객으로 문전성시를 이룬다. 이 매장에 들어서면 넓은 홀 오른쪽에는 카운터가 있고, 왼쪽에는 투명 아크릴 작업대가 있다. 이 작업대에서 대표는 홍두깨로 칼국수 반죽을 민다. 홍두깨에 말린 도톰하고 작은 반죽은 대표의 손동작에 의해 점점 얇아지면서 크기는 커져간다. 그 퍼포먼스를 본 고객들은 동영상 촬영을 하기도 하고, 사진을 찍어 개인 SNS에 올림으로써 자연스럽게 매장을 홍보하는 마케터가 된다.

대전의 또 다른 칼국수 집은 오후 4시경에도 번호표를 받아야 할 정도로 붐빈다. 이곳의 경쟁력은 단순한 메뉴에 있지 않다. 다섯 명이 방문해서 각자 메뉴를 주문하고 사이드 메뉴로 오징어 파전 한 접시를 추가 주문하였는데, 주방에서는 이를 알아차리고 오징어 파전을 두 접시에 나누어 각 테이블에 제공해 주었다. 이 작은 배려가 고객을 감동시키고, 그 감동은 곧 충성도로 이어졌다.

필자가 14년 전 서해안으로 동문 모임을 갔을 때의 경험이다. 대부분은 조개찜이나 회를 기대했지만, 총무가 예약한 곳은 뜻밖에도 갈비탕집이었다. 실망감을 안고 전복 갈비탕을 주문했는데 예상치 못한 전채 요리가 먼저 나왔다. 커다란 접시에 앙상한 나뭇가지를 장식하고, 호박전을 열매처럼 플레이팅한 모습은 초겨울의 계절감을 담은 작품이었다. 이후에 나온 음식 하나하나가 감동을 주었고, 우리 일행은 전 메뉴를 사진에 담아 SNS에 올렸다. 당시 내가 블로그에 남긴 후기는 큰 호응을 얻었고, 지금도 그 매장은 예약제로 운영되며, 당일 방문객은 식사조차 어려울 정도다. 감동받은 고객들의 '내돈내산' 리뷰가 SNS에 꾸준히 올라오기 때문이다.

이렇듯 고객가치는 단순히 가격의 문제가 아니다. 고객이 제품이나 서비스를 통해 얻는 혜택과 지불하는 비용의 차이가 진정한 가치다. 소상공인들이 흔히 가격 경쟁에만 매달리지만, 진정한 경쟁력은 가격을 낮추는 것이 아니라 고객이 느끼는 가치를 높이는 데 있다.

한 동네 정육점은 대형마트와 가격 경쟁은 불가능했지만 대신 고객가치를 새롭게 설계했다. 고객이 원하는 부위를 원하는 두께로 잘라주고 요리법을 알려주면서 양념까지 무료로 제공했다. 단골의 취향을 기억해 "오늘도 불고기용 500g 맞으시죠?"라고 먼저 묻는 세심함도 있었다. 가격은 대형마트보다 10% 비쌌지만 매출은 오히려 30% 늘었다.

고객가치를 높이는 방법의 첫 번째는 가치를 늘리는 것이다. 기능적 가치(품질, 성능, 편의성), 감정적 가치(브랜드, 경험, 관계)를 강화하는 방식이다. 두 번째는 비용을 줄이는 것이다. 금전적 비용(가격)뿐 아니라 비금전적 비용(시간, 노력, 위험)을 줄이는 것이다.

한 미용실의 사례는 이를 잘 보여준다. 가치 증대 측면에서는 최신 시술 도입(기능적 가치), 1:1 맞춤 상담(관계 가치), 편안한 분위기 조성(감정적 가치)에 집중했다. 비용 감소 측면에서는 온라인 예약으로 대기 시간을 없애고, 시술 보증제를 도입해 실패의 위험 부담을 줄였으며, 멤버십 할인으로 가격 부담을 완화했다. 그 결과 객단가는 30% 올랐지만 고객 이탈률은 오히려 절반으로 감소했다.

특히 감정적 가치의 힘을 과소평가해서는 안 된다. 한 빵집은 "우리

밀 100% 사용, 매일 아침 직접 구운 빵, 30년 전통"이라는 스토리를 내세웠다. 제품 자체는 다른 빵집과 크게 다르지 않았지만, 고객이 느끼는 의미와 신뢰는 달랐다. 그 결과 프랜차이즈보다 20% 비싸도 단골이 끊이지 않았다.

결국 고객가치 창출은 단순히 물건을 사고파는 거래를 넘어 고객을 감동시키고 이야기를 만들어내는 일이다. 감동받은 고객은 자발적으로 매장의 마케터가 되어 자신의 경험을 공유한다. 이것이 바로 소상공인의 경쟁력이자 장기적으로 살아남는 힘이다.

Chapter 02

지속 가능한
경영의 조건

최근 자영업자와 소상공인 사이에서 자주 회자 되는 말이 있다. 바로 '돈쭐과 혼쭐'이다. 돈쭐은 '돈으로 혼쭐을 내주다'라는 신조어로, 착한 가게나 선행을 한 업체에 소비자가 자발적으로 찾아가 매출로 보상해 주는 현상을 뜻한다. 반대로 혼쭐은 비윤리적이거나 고객을 기만한 업체가 소비자들로부터 불매 운동과 외면을 당하는 것을 의미한다. 이 두 단어는 단순한 유행어가 아니라 오늘날 소비자들이 기업의 태도와 가치에 얼마나 민감하게 반응하는지를 잘 보여준다.

실제 사례도 적지 않다. 2020년 코로나19 초기에 서울 망우동의 한 치킨집은 형편이 어려운 청소년들에게 무료로 치킨을 나눠주었다. 그 사연이 온라인 커뮤니티와 언론에 알려지자 소비자들이 "이런 가게는 우리가 살려야 한다"라며 줄을 서서 치킨을 사 먹었고, 주문이 폭주해 영업이 마비될 정도였다. 선행이 돈쭐로 이어진 대표적인 사례다. 반대로 원산지를 속이거나 위생 관리에 소홀했던 일부 음식점은 SNS상에서 불매 운동과 부정적 리뷰에 휘말리며 순식간에 매출이 곤두박질 쳤다. 혼쭐이 실제 매장 폐업으로 연결된 사례는 수도 없이 많다.

"당장 먹고살기도 바쁜데 무슨 ESG, 윤리경영이야?" 많은 소상공인이 이렇게 반문한다. 하지만 시대는 이미 변했다. 이제 소비자는 좋은 제품이나 저렴한 가격만을 원하지 않는다. 좋은 기업, 올바른 기업에서 만든 제품을 원한다. 특히 MZ 세대를 비롯한 젊은 세대는 가치 소비를 중시한다. 이들은 환경을 보호하고, 직원을 존중하며, 지역사회와 함께 성장하는 기업을 선택한다. 결국 돈쭐을 내주고 싶은 가게가 되는 것, 그것이 지속 가능한 경영의 출발점이다.

지속 가능한 경영은 결코 거창한 구호가 아니다. 내일도, 내년에도, 10년 후에도 사업을 이어 갈 수 있는 기반을 만드는 것이다. 당장의 이익에 눈이 멀어 고객을 속이고 직원을 혹사시키거나 환경을 파괴한다면 언젠가는 시장에서 퇴출될 수밖에 없다. 반대로 정직하게 장사하고, 직원을 가족처럼 대하며, 지역사회에 이바지하는 사업장은 위기가 와도 살아남는다. 이것이 바로 지속 가능한 경영의 본질이다.

한 식당은 단가를 낮추기 위해 원산지를 속였다가 단골고객을 잃고 결국 폐업했다. 반면 또 다른 식당은 친환경 농산물을 사용하고, 잔반을 최소화하기 위해 메뉴를 소량화 그리고 다양화했다. 이 과정에서 원가 부담은 조금 늘었지만, 고객은 "여기는 믿을 수 있다"라며 꾸준히 찾아왔다. 지금은 지역 언론에도 소개되면서 오히려 매출이 증가했다.

직원의 근무환경에서도 차이가 생긴다. 단기적인 비용 절감을 위해

최저임금만 주고 불합리한 근무환경을 방치하면 결국 직원은 떠난다. 하지만 직원의 안전을 보장하고, 정기적인 휴무를 주며, 성과를 인정하는 사업장은 충성심 높은 직원을 확보할 수 있다. 직원의 만족은 곧 고객 서비스의 질로 이어지고, 이는 다시 매출 증가로 돌아온다.

지역사회와의 관계도 중요하다. 지역 축제에 후원하거나 인근 학교와 연계해 청소년 현장 체험을 제공하면 사업장은 단순한 매장이 아니라 지역의 브랜드가 된다. 이러한 활동은 광고비보다 훨씬 강력한 신뢰 자산을 만든다. 위기 상황에서도 지역 주민들은 "그 가게는 꼭 지켜야 한다"라며 힘을 보탠다.

결국 지속 가능한 경영이란 윤리적이고 책임 있는 선택을 통해 장기적인 경쟁력을 확보하는 것이다. 환경을 생각하고, 사람을 존중하며, 공동체와 함께 성장하는 가게는 단순한 사업장이 아니라 시대가 요구하는 가치 있는 기업으로 자리 잡는다. 소상공인의 지속가능성은 곧 신뢰이고, 신뢰는 가장 강력한 마케팅 자산이다.

ESG 경영이 소상공인에게 기회인 이유

ESG(Environmental, Social, Governance)는 환경, 사회, 지배구조를 뜻한다. 대기업의 전유물처럼 보이지만, 오히려 소상공인에게 더 큰 기회가 될 수 있다. 작은 조직일수록 빠르게 변화할 수 있고, 진정성 있는 실천이 가능하기 때문이다.

외식업은 소비자의 건강과 직결되며, 동시에 사회적, 환경적 책임을 함께 고려해야 하는 산업이다. 최근 외식업 경영자가 가장 크게 직면하는 문제는 식재료 비용의 상승이다. 원재료 가격의 불안정은 경영 전반에 부담을 주며, 이는 업계 전반이 공감하는 현실적인 어려움이다. 이에 비용 절감을 위해 선입선출제를 철저히 지키는 것이 무엇보다 중요하다.

외식업체에서 사용하는 식재료는 냉장 보관만으로 무한히 유지될 수 있는 것이 아니다. 채소나 육류, 어패류는 하루이틀 만에도 변질될 수 있으며, 이는 음식물 쓰레기 증가와 직결된다. 따라서 먼저 들어온 재료를 먼저 사용하는 선입선출제는 비용 절감 방안뿐만 아니라 고객에게 신선한 음식을 제공하고, 불필요한 폐기를 줄여 환경을 보호하는 핵심적인 경영 원칙이다. 이는 ESG 경영에서 강조하는 환경적 책임과 직결되는 지점이다.

음식물 쓰레기를 최소화하는 것은 외식업체의 사회적 책임을 실천하는 과정이기도 하다. 불필요한 자원의 낭비를 줄이는 것은 곧 지속 가능한 외식업의 기본 조건이다. 이를 위해서는 식습관의 변화가 필요하다. 소비자에게 건강을 지키면서 음식물 쓰레기를 줄일 수 있는 방향을 제시하는 것은 외식업체의 역할이다. 이러한 맥락에서 마크로비오틱 섭생법은 중요한 대안이 될 수 있다.

마크로비오틱은 '큰 생명'이라는 뜻을 지니며, 자연과 조화를 이루며 장수와 건강을 추구하는 식생활 철학이다. 이는 일본의 사쿠라자와 유키카즈(조지 오사와)가 체계화한 것으로 알려져 있으며, 식단 관리 차원을 넘어 인간과 자연이 함께 조화를 이루는 삶의 방식이다. 마크로비오틱은 곡류, 채소, 콩류, 해조류 등 가공을 최소화한 자연식을 지향하며, 음양 사상을 기초로 한 균형 있는 식단을 강조한다. 또한 지역과 계절에 맞는 제철 식재료를 활용함으로써 자연의 흐름과 조화를 이루도록 한다. 과도한 육류 소비와 인스턴트 식품을 지양하고, 절제된 식습관을 실천하는 것도 중요한 특징이다.

이러한 마크로비오틱 섭생법은 외식업에서도 ESG 경영의 중요한 방향성을 제시한다. 제철 식재료의 활용은 구매 비용을 줄일 뿐 아니라 지역 농가와의 상생을 가능하게 한다. 곡물과 채소 중심의 메뉴 개발은 건강을 중시하는 소비자의 요구에 부응하면서 새로운 시장을 열어준다. 음식물 쓰레기를 줄이는 것은 곧 탄소 배출을 줄이는 것이며, 이는 환경적 책임을 실천하는 과정이다. 지속 가능한 경영을 추구하는 업체로서의 브랜드 이미지도 강화할 수 있다.

따라서 외식업에서 ESG 경영을 실천하기 위해서는 선입선출제를 통한 식재료 관리와 마크로비오틱 섭생법과 같은 철학적 식습관을 경영 전반에 접목하는 것이 필요하다. 이는 원가 절감 차원을 넘어 환경을 보호하고, 사회적 책임을 실천하며, 소비자의 건강을 지키는 지속 가능한 경영 전략이 되는 것이다. 또한 외식업이 ESG 경영을 실질적으로 실행하는 효과적인 방법 중 하나이다.

환경(E) 측면을 보자. 환경보호를 실천하기 위한 노력은 작은 것에서부터 시작된다. 일회용 종이컵 사용을 자제하고, 테이블 위에 놓인

이쑤시개나 비닐 깔개처럼 불필요한 소모품을 지양하는 것도 좋은 출발점이다. 코로나19 이전까지만 해도 일회용품 사용은 규제 대상이었지만, 코로나 시기를 거치며 오히려 매장에서 일회용품 사용이 늘어났다. 그 결과 쓰레기의 양은 급격히 증가했고, 소상공인 입장에서는 처리 비용까지 부담으로 이어졌다.

이제는 코로나19 이후의 일상으로 돌아온 만큼 매장 안에서 일회용품 사용을 줄이는 노력이 필요하다. 일회용품을 제공하는 대신 소독기를 비치해 고객이 사용하는 컵과 집기류를 철저히 소독하여 제공하는 방식이 바람직하다. 이러한 변화는 환경 부담을 줄이고, 고객에게 신뢰를 주며, 동시에 비용 절감까지 가능한 지혜로운 경영 방식이 된다.

실제로 현장에서는 다양한 친환경 시도가 이어지고 있다. 강릉의 한 카페는 플라스틱 빨대를 없애고 텀블러를 가져오는 고객에게 할인을 제공했다. 처음에는 매출 감소를 걱정했지만, 오히려 "환경을 생각하는 카페"라는 입소문이 퍼지며 매출이 20% 증가했고, 일회용품 구매 비용도 절감되었다.

춘천의 한 베이커리는 지역 농가와 협력해 제철 농산물을 빵과 잼에 활용했다. 운송 거리를 줄여 탄소 배출을 낮췄고, 과일 껍질과 부산물은 퇴비로 만들어 농가에 돌려주는 순환 구조를 만들었다. 서울의 한 제로웨이스트 상점은 포장재 없는 매장을 운영하면서 고객이 직접 용기를 가져와 필요한 만큼만 구입하도록 했다. 처음에는 낯설다는 반응도 있었지만, 점차 '착한 소비'를 원하는 고객이 늘어나 지역 친환경 소비의 거점이 되었다.

제주의 한 로컬 식당은 지역 어민과 협력해 친환경적으로 잡힌 해산물만 공급받고, 해양 플라스틱 줄이기 캠페인에 참여했다. 이 활동은 언론에 소개되며 관광객을 끌어들이는 계기가 되었다.

이처럼 소상공인에게 환경보호 실천은 단순히 규제 대응이나 비용절감이 아니라 새로운 고객을 끌어들이고 브랜드 가치를 높이는 기회가 된다. 작은 습관의 변화가 곧 경영의 차별화 전략이 되는 것이다.

결국 환경을 지키는 소상공인이야말로 자신의 매장을 넘어 자신의 품격을 지키는 일이 아닐까. 고객은 음식을 맛보는 순간뿐만 아니라 매장의 철학과 태도에서도 감동을 받는다. 환경을 지키는 선택은 매장의 이미지를 높이고, 소상공인의 신뢰와 품격을 드러내는 가장 확실한 방법이다.

사회(S) 측면은 지역사회와의 신뢰를 쌓는 과정이다. 사회적 가치를 실천하는 경영은 지역사회와의 신뢰를 쌓으면서 장기적인 성장을 가능하게 한다. 필자가 8년 전 컨설팅을 진행했던 한 업체의 대표는 오래도록 기억에 남는다. 그 이유는 직원들의 책임감 있는 태도와 대표의 직원들에 대한 존중 때문이다.

요즘 세대에게는 "가족처럼 일한다"라는 말이 공허하게 들릴 수 있지만, 그 업체 직원들은 외부인의 눈에도 진정한 가족처럼 협력하고 있었다. 그런 분위기 덕분에 고객들은 직원에게 신뢰를 보냈고, 그 신뢰는 곧 업체 전체로 확산되었다. 일정한 경영 안정기에 도달한 대표는 기부 활동에도 적극 참여하며 이익을 사회와 나누는 길을 선택했다. 그곳에서 만난 직원들은 "이곳에서 일하는 것이 행복하다"라고 말하였고, 이는 사회적 가치 실천이 내부 만족으로 이어지는 좋은 사례였다. 경영자의 서비스 마인드는 직원들을 감동하게 하고, 직원들은 고객을 감동시킴으로써 매장은 점점 확장되어 프랜차이즈 사업으로도 자리를 굳히는 계기가 되었다.

미용업계에서도 사회적 가치를 실천하는 원장을 많이 만날 수 있었다. 안양에서 미용실을 운영하는 한 원장은 한 달에 한 번 꾸준히 재능 기부를 이어 가고 있었는데, 주기적으로 소년원에 방문해 수감 청소년들의 머리를 손질해 주고 그들의 이야기를 들어주며 심리 상담까지 함께하고 있었다. 그 원장은 이 공로로 대통령상을 받았지만, 전혀 자랑하지 않고 조용히 봉사하는 참된 봉사인이었다. 이렇듯 우리 사회에는 자신만의 방식으로 아름다운 향기를 뿜어내는 사람이 많다.

이러한 사회적 가치 실천은 업종을 가리지 않고 나타난다. 한 빵집은 팔고 남은 빵을 매일 지역 복지관에 기부한다. 덕분에 폐기 비용이 줄고, 세금 혜택도 받았다. 무엇보다 '착한 빵집'이라는 이미지가 형성되었고, 주민들은 '우리 동네 자랑'이라며 자발적으로 홍보했다. 기부를 시작한 이후 단골고객이 30% 늘었다. 사회적 가치를 실천하는 행동이 지역사회와의 신뢰를 높이고 매장의 성과로도 연결된 것이다.

대구의 한 국숫집은 매달 첫째 주 월요일마다 독거노인에게 무료 식사를 제공한다. '효도 국숫집'이라는 별칭으로 불리며 방송에 소개되었고, 지역 주민들이 줄을 서서 찾는 명소가 되었다. 또 서울 마포구의 한 카페는 발달장애 청년을 직원으로 채용해 함께 일하고 있다. 이곳의 고객들은 단순히 커피를 마시는 것이 아니라 '함께 어울리는 사회를 만드는 가치'에 동참한다는 자부심을 느낀다.

이처럼 진정성 있는 사회적 실천은 고객에게 감동을 주고 충성고객을 만들어내는 힘이 된다. 사회(S) 영역의 ESG 경영은 기부나 봉사를 넘어 직원과 고객 그리고 지역사회와 함께 성장하는 토대를 마련하는 과정이다.

한편 지배구조(G)는 투명한 경영을 의미한다. 고객에게 숨김이 없는 정직한 정보 공개가 신뢰의 출발점이 된다. 외식업에서 이를 가장 명확히 보여주는 것이 바로 원산지 표시다. 외식업체는 원산지 표기를 의무적으로 해야 한다. 이는 고객을 속여서는 안 된다는 뜻이며, 신뢰를 기반으로 한 영업의 필요 조건이다. 하지만 여전히 뉴스를 통해 원산지를 속이는 사례가 보도되곤 하는데, 이는 고객 신뢰를 무너뜨리며 단골을 잃는 치명적인 행위이자 시장에서 퇴출되는 지름길이 된다.

필자는 1998년부터 17년 8개월 동안 외식업체를 운영한 경험이 있다. 당시는 원산지 표시가 법적 의무가 아니었다. 그럼에도 매장 입구에 원산지 표시와 수질 성적서를 비치했다. 국가에서 지시한 사항이 아님에도 불구하고 굳이 고객에게 알린 이유는 단 하나였다. 진심을 보여주고 싶었기 때문이다. "우리 가게는 이렇게 좋은 원재료를 사용합니다"라는 메시지를 고객에게 전하고 싶었고, 그것이 곧 외식업을 하는 사람으로서 진심이었다. 이러한 작은 투명성이 쌓여 매장은 오래도록 칭찬받고, 충성고객의 신뢰 속에 안정적으로 운영될 수 있었다.

비슷한 맥락에서 한 정육점은 원산지와 도축 일자를 정확히 표시하고, 저울을 고객이 직접 볼 수 있는 위치에 두었다. 가격표 역시 크고 명확하게 표시해 누구든 안심하고 구매할 수 있도록 했다. 그 결과 이 정육점은 대형마트 근처에 있음에도 불구하고 '믿을 수 있는 정육점'이라는 명성을 얻으며 성업 중이다.

투명 경영은 업종을 가리지 않는다. 서울의 한 중식당은 조리 과정을 고객이 직접 볼 수 있도록 오픈 키친을 도입하고 CCTV로 위생 상황을 실시간 공개했다. 이로 인해 '믿을 수 있는 맛집'이라는 이미지를 얻게 되었고, 위생에 민감한 가족 단위 고객들의 발길이 이어졌다. 또 부산의 한 횟집은 수족관 관리 일지를 공개하고, 회 접시에 QR코드를 붙여 잡힌 날짜와 유통 과정을 확인할 수 있도록 했다. 이러한 세심한 투명성은 신뢰로 이어져 외국인 관광객이 안심하고 찾는 식당으로 자리 잡았다.

실제 데이터도 이러한 변화를 뒷받침한다. 중소기업중앙회의 조사에 따르면, ESG를 실천하는 소상공인의 매출 성장률은 그렇지 않은 곳보다 평균 15% 높았다. 특히 20~30대 고객 비중이 높은 업종일수록 효과가 두드러졌다. 카페는 25%, 베이커리는 20%, 의류점은 18% 차이를 보였다.

결국 지배구조(G)의 핵심은 규정을 지킨다는 차원을 넘어 고객과의 신뢰를 구축하는 것이다. 원산지와 가격, 위생과 경영 방식을 투명하게 공개하는 것만으로도 소상공인은 대기업 못지않은 경쟁력을 확보할 수 있다. 투명성은 비용이 아니라 신뢰 자산이며, 신뢰는 곧 장기적인 매출과 브랜드 경쟁력으로 되돌아온다.

ESG는 비용이 아니라 투자이다. 많은 소상공인이 ESG를 이야기하면 가장 먼저 '비용 부담'을 떠올린다. 그러나 ESG는 비용이 아니라 투자이며, 장기적으로는 매출과 신뢰로 되돌아오는 성장의 원천이 된다.

한 미용실은 기존 제품보다 원가가 20% 더 비싼 친환경 염색약으로 전환했다. 가격도 15% 인상했지만, 두피가 예민하거나 환경에 관심이 많은 고객이 몰리며 오히려 매출이 30% 증가했다. 직원들의 건강이 좋아져 병가가 줄었고, 업무 효율이 높아져 생산성도 올랐다. 환경을 지키려는 작은 선택이 고객 만족과 직원 복지, 경영 성과를 동시에 높인 대표적인 사례다.

비슷한 사례로, 한 카페는 다회용 컵 세척 시스템을 도입했다. 초기에는 세척기 설치 비용이 부담스러웠지만 시간이 지나자 컵과 빨대 구매 비용이 줄었고, '환경을 지키는 카페'라는 긍정적인 이미지 덕분에 충성고객이 늘어났다. 또 한 의류점은 공정무역 원단을 사용하고 생산 과정을 공개했다. 원가 부담은 있었지만 윤리적 소비를 중시하는 20~30대 고객이 늘어나 매출이 안정적으로 증가했다.

이처럼 ESG 경영은 단순히 당장의 수익을 높이는 전략이 아니다. 고객 신뢰를 확보하고, 직원의 만족도를 높이며, 지역사회와 함께 성장할 수 있는 지속 가능한 기반을 만드는 길이다.

결국 소상공인에게 ESG란 선택이 아니라 필수다. 환경을 지키는 것은 매장의 이미지를 높이고, 사회적 책임을 다하는 것은 충성고객을 만든다. 투명한 지배구조는 신뢰라는 가장 강력한 자산을 확보하게 한다. ESG는 비용이 아니라 미래를 위한 투자이며, 소상공인이 오래도록 살아남고 성장하기 위한 가장 확실한 경쟁 전략이다.

윤리경영으로 만드는 프리미엄 브랜드

윤리경영은 거창한 개념이 아니다. 정직과 신뢰의 경영이다. 속이지 않고, 과대 포장하지 않으며, 약속을 지키는 것에서 출발한다. 단순해 보이지만 이것이 최고의 마케팅이 된다. 한국소비자원 조사에 따르면, 소비자의 78%가 "윤리적인 기업의 제품에 10% 더 지불할 의향이 있다"라고 답했다. 그만큼 정직과 신뢰는 곧 경쟁력이 된다.

고객을 향한 윤리는 기본 중의 기본이다. 한 떡집은 쌀값이 올라 수익이 줄었지만 국산 쌀 사용을 포기하지 않았다. 대신 가격을 500원 올리며 이유를 솔직하게 설명했다.

"우리는 100% 국산 쌀만 사용합니다. 원가가 올라 부득이하게 가격을 인상합니다. 품질은 절대 타협하지 않겠습니다."

고객들은 오히려 응원했다. "이런 가게가 살아남아야 한다"라며 단골이 늘었다. 한 수선집은 "수선이 불가능하면 돈을 받지 않는다"라는 원칙을 지킨다. 수선해도 별 효과가 없을 옷은 솔직하게 "차라리 새로 사세요"라고 조언한다. 당장은 손해 보는 것 같지만 이런 정직함이 평생 단골을 만든다. 과일 가게의 '맛없으면 100% 환불' 정책도 마찬가지다. 환불률은 2%에 불과하지만 이 원칙 덕분에 고객들은 안심하고 구매하며, 객단가가 동네 평균보다 40%나 높다.

직원에 대한 윤리도 중요하다. 일부 소상공인은 아르바이트생을 고용하면서 보험 가입을 회피하거나 현금 결제 시 세금 회피를 공개적으로 드러내기도 한다. 하지만 이제는 모든 것이 투명하게 공개되는 시대이다. 고용과 세금에서도 윤리를 지켜야 한다. 한 치킨집은 아르바이트 직원에게도 4대 보험을 가입시키고 야간 수당을 정확히 지급한다. 인건비 부담은 크지만 이직률이 거의 없고, 숙련된 직원들이 오래 근무해 서비스의 질이 높아졌다. 그 결과 실수가 줄고 고객 만족도가 올라 매출이 증가했다.

거래처와의 윤리도 빼놓을 수 없다. 한 카페는 10년째 같은 원두 공급 거래처와 거래를 이어 오고 있다. 더 싼 곳이 있어도 바꾸지 않고 장기 거래를 통해 안정적으로 최상급 원두를 공급받는다. 거래처 역시 "이런 소상공인은 우선 대접해야 한다"라며 신제품을 먼저 제공한다. 파주에서 시작해 포천으로 사업을 확장한 한 대표의 사례도 눈길을 끈다. 명절마다 납품업체로부터 선물을 받는 대신 오히려 납품업체의 배송 기사에게 감사의 선물을 건넸다. "좋은 재료 덕분에 장사를 잘하고 있습니다"라는 진심이 담긴 이 반전 행보는 지속적으로 질 좋은 재료를 안정적으로 공급받는 기회가 되었고, 대표의 철학을 보여주는 상징적인 장면이 되었다.

윤리경영의 효과는 단기 이익이 아니라 장기적 신뢰와 성장에 있다. 정직하게 원칙을 지키는 가게는 시간이 지날수록 충성고객이 늘어나고, 직원과 거래처 모두가 든든한 동반자가 된다. 당장은 손해처럼 보일 수 있지만, 시간이 흐르면 신뢰는 복리처럼 불어나 경영의 가장 든든한 자산이 된다.

윤리경영은 가격 정책에서도 드러난다. 계절적으로 여름이면 삼겹

살 가격이 폭등하고, 구제역 같은 가축 질병이 발생하면 돼지고기 전반의 가격이 치솟는다. 이런 상황에서 대표들은 고민에 빠진다.

"우리도 가격을 올려야 하나? 그렇다면 가격이 다시 내려갈 때는 즉시 내릴 수 있을까?"

현실은 대개 오를 때는 올리지만, 내릴 때는 시장 상황을 반영하지 않는 경우가 많다. 이는 고객의 불신을 키우는 결과를 낳는다.

그러나 윤리경영을 실천하는 매장은 달랐다. 구제역으로 돼지고기 가격이 폭등했을 때도 섣불리 가격을 인상하지 않고 버텼다. 오히려 고객들이 먼저 "이럴 때는 가격을 올려야 하는 것 아니냐"라며 매장을 걱정해 줄 정도였다. 이는 그동안 쌓아온 신뢰와 윤리적 경영 태도가 고객들에게 인정받은 사례라 할 수 있다. 고객은 '정직하게 장사하는 가게'라는 믿음을 갖게 되었고, 그 믿음이 충성고객을 만들어낸다.

지역사회와 함께
성장하는 상생 전략

"혼자 가면 빨리 가지만, 함께 가면 멀리 간다"라는 아프리카 속담이 있다. 소상공인 경영에도 그대로 적용된다. 혼자 힘으로는 단기 성과를 낼 수 있을지 모르지만, 지역사회와 함께 성장할 때 비로소 지속가능한 사업이 된다. 지역 주민이 단골이 되고, 위기가 찾아와도 함께 극복할 힘을 얻는다.

한 동네 서점의 이야기가 좋은 예다. 온라인 서점과 가격 경쟁에서 살아남기란 불가능에 가까웠다. 하지만 이 서점은 전략을 바꾸어 지역 커뮤니티 공간으로 변신했다. 매주 독서 모임을 열고, 작가 초청 강연을 진행했으며, 아이들을 위한 독서 프로그램까지 마련했다. 책을 파는 곳이 아니라 문화를 나누는 공간이 된 것이다. 그 결과 주민들은 "우리 동네 서점을 지키자"라며 자발적으로 도서 구입 운동을 벌였고, 매출은 50% 증가했다.

비슷한 상생 전략은 강원도의 여러 사업장에서 찾아볼 수 있다. 정선군 사북의 아리부엌양조는 폐광 지역이라는 한계를 벗어나 지역 경제를 살리기 위해 다양한 시도를 이어 가고 있다. 막걸리와 음식을 판매하는 공간을 넘어 지역 축제를 기획하고 운영하며 외부 관광객을 끌어들였다. 대표는 '정선의 문화를 알리고, 지역 주민이 함께 어울리는 장'을 만드는 데 힘을 쏟았다.

실제로 아리부엌양조가 주도한 축제는 침체되어 가던 지역 상권에 활력을 불어넣었고, 청년층과 외부 방문객들이 모여들며 지역 경제 활성화에 기여했다. 기획력 있는 젊은 대표의 아이디어와 실행력이 낙후된 폐광 지역을 새로운 문화·관광 공간으로 변화시키는 원동력이 되었으며, 외부 관광객은 새로운 경험을 얻고, 아리부엌양조는 지역을 대표하는 브랜드로 자리 잡았다.

아리부엌양조의 대표는 매장 운영에만 머물지 않고 정선의 토속 음식 동호회인 '맛연구회'를 이끌며 활동 영역을 확장하고 있다. 맛연구회를 통해 회원들과 함께 정선의 토속 음식을 연구하고, 축제와 출장 요리 활동을 전개하면서 전통 음식을 현대적으로 계승하는 데 힘쓰고 있다. 또한 다양한 계층을 대상으로 요리 수업을 진행하고, 정선 음식을 주제로 집필 활동을 이어 가면서 토속 음식의 가치를 널리 알리고 있다. 이러한 활동은 정선의 음식 문화를 체계적으로 기록하고 확산하는 역할을 하고 있다.

이와 같은 노력은 지역사회 상생 전략의 중요한 축을 형성한다. 지역 농산물을 활용하여 생산자와 소비자를 연결하고, 주민이 함께 참여하는 동호회를 통해 공동체 의식을 강화하며, 교육과 집필을 통해 지역 문화를 지식 자산으로 승화시키고 있다. 이를 통해 정선은 낙후된 폐광 도시의 이미지를 벗어나 음식과 문화를 중심으로 한 새로운 지역 정체성을 형성하고 있다.

결국 아리부엌양조와 맛 연구회 활동은 정선이 술과 음식을 소비하는 공간을 넘

<아리부엌양조 김민희 대표와 출간 서적>

<아리부엌양조 주류 브랜드>

어 지역 농업과 문화, 교육과 관광을 아우르는 종합 플랫폼으로 성장할 수 있음을 보여주는 사례이다. 대표의 적극적인 활동은 정선의 토속 음식과 문화를 브랜드화하는 과정이자 지역사회 발전을 위한 실질적인 상생 전략으로 자리매김하고 있는 것이다.

태백의 초록뿔언덕은 꽃사슴 목장과 카페를 결합한 복합 관광지이다. 사슴을 키우는 것에서 머물지 않고, 방문객이 산책하며 휴식을 즐길 수 있는 공간을 조성하였다. 또한 자체 캐릭터를 개발해 굿즈 판매와 포토존 운영으로 지역 관광 콘텐츠를 확장했다. 목장 운영은 지역 일자리를 창출하였고, 불황의 태백에서 대표 명소로 자리 잡았다.

더 나아가 초록뿔언덕은 1층 공간을 지역민을 위한 복합 문화 공간으로 무료 개방해 주민들이 전시와 공연을 할 수 있도록 지원하고 있다. 주민들에게는 부담 없는 문화 향유의 장이 되고, 지역 예술인들에게는 작품을 알릴 기회가 된다. 단순한 관광지가 아니라 지역 문화의 플랫폼으로 자리 잡으면서 주민과 관광객이 자연스럽게 교류하는 공간이 되고 있다. 이를 통해 태백은 관광 도시를 넘어 문화가 살아 숨 쉬는 도시라는 새로운 인식을 얻게 되었다.

초록뿔언덕의 이러한 노력은 관광 개발을 넘어선 지역사회 상생 전략으로 이해할 수 있다. 첫째, 초록뿔언덕은 태백의 자연환경과 지역의 역사·문화적 맥락을 경험으로 연결하고자 한다. 사슴 농장이라는 특성, 고원 도시의 기후, 폐광 지역의 정체성 등 이곳만의 이야기를 콘텐츠와 운영 철학에 녹여내며 지역의 매력과 가능성을 외부로 소개하는 역할을 하고 있다.

둘째, 운영 과정에서 지역 주민은 단순한 인력이 아니라 함께 성장하는 파트너이다. 채용과 운영 협업은 지역민 우선 원칙으로 이루어지며, 행사·체험 프로그램에도 주민 참여 기회를 제공한다. 이는 새로운 일자리 창출과 함께, 지역 주민이 공간의 주체로서 역할과 자부심을 갖도록 하는 기반이 되고 있다.

셋째, 카페 1층은 지역 주민에게 무료로 제공되는 열린 공간이다. 전시, 회의, 동아리 모임, 문화 행사 등 지역민의 필요와 목적에 따라 자유롭게 사용된다. 이 공유 시스템은 지역 문화 활동을 촉진하고, 주민이 스스로 지역의 문화를 만들어갈 수 있는 토대를 마련한다.

넷째, 초록뿔언덕은 방문객과 지역민이 함께 참여할 수 있는 문화 행사와 체험 프로그램을 운영함으로써 관광객 유치와 주민 삶의 질 향상을 동시에 도모하고 있다.

특히 주목할 점은 대표 부부의 친절함이다. 초록뿔언덕을 운영하는 대표 부부는 방문객 한 사람 한 사람을 정성껏 맞이하며, 지역 주민들

<초록뿔언덕>   <아리부엌양조>

에게도 따뜻하게 다가가고 있다. 이들의 소탈하고 친절한 태도는 입소문을 타고 퍼져 초록뿔언덕을 찾는 이들에게 특별한 만족감을 주고 있다. 단순히 사슴과 자연을 즐기기 위해 방문하는 것이 아니라 대표 부부의 따뜻한 인품과 세심한 배려에 감동받아 다시 찾는 방문객도 늘어나고 있다. 지역 주민들 또한 이들을 칭송하면서 초록뿔언덕이 지역사회의 자랑이자 자부심으로 자리 잡도록 힘을 보태고 있다.

결국 초록뿔언덕은 관광지와 지역사회를 분리된 공간으로 보지 않고 서로 연결되는 하나의 생태계로 바라보고 있다. 이는 지역 경제 활성화, 일자리 창출, 문화 향유 기회 제공이라는 세 가지 축과 더불어 운영자의 진정성 있는 태도라는 요소까지 더해져 완성되는 상생 전략이다. 이러한 사례는 태백이 관광 도시를 넘어 지역 주민과 관광객이 함께 만들어가는 문화·관광 공동체 도시로 발전하고 있음을 보여주는 대표적인 모델이다.

마지막으로, 정선 북평면의 보다공방은 교육과 체험을 기반으로 한 상생 모델을 보여준다. 이곳은 단순한 떡과 디저트 제작 공간이 아니라 주민들이 배우고 성장하는 플랫폼이다. 학생 대상 떡 만들기 수업, 학부모와 교사를 위한 요리 프로그램 등 다양한 강좌를 통해 지역민의 역량을 키우고 있다. 더 나아가 곤드레 양갱 같은 특산품을 개발해 특허를 내고, 프리마켓을 운영해 지역 작가와 셀러들이 작품을 전시·판매할 기회를 제공한다.

또한 애견 동반 공간을 조성하여 반려동물을 키우는 주민과 관광객에게 열린 문화 공간을 제공하고 있으며, 다문화 가정을 위한 요리 수업을 운영함으로써 사회적 포용의 가치를 실현하고 있다. 공방이 함께 운영하는 카페는 휴식 공간뿐만 아니라 학습과 소통, 지역 상생의 거점으로 기능하면서 지역 경제의 순환 구조를 만들어내고 있다.

특히 곤드레 양갱을 비롯한 양갱 제품은 지역 특산물을 활용한 고급화 전략을 통해 차별화된 경쟁력을 확보하고 있다. 정선의 곤드레, 들깨와 같은 농산물을 주원료로 사용하여 다양한 맛과 색을 구현하고, 세련된 포장 디자인을 적용해 선물용이나 기념품용으로도 손색이 없는 고급 양갱으로 발전시키고 있다. 이는 정선의 특산물을 브랜드화하여 새로운 부가가치를 창출하는 전략이다. 또한 포장 판매를 통해 관광객이 쉽게 구매하고 가져갈 수 있도록 하여 방문 이후에도 정선의 맛과 문화를 경험하게 만들고 있다.

이와 같은 양갱 고급화 전략은 지역 상생의 효과를 낳고 있다. 지역 농가로부터 직접 농산물을 조달하여 원재료의 안정적 소비처를 확보해 주고, 공방에서 이를 상품으로 재탄생시켜 판매함으로써 지역 경제의 선순환 구조를 강화하고 있다. 동시에 지역 셀러와 작가들이 함께 참여하는 프리마켓과 연계해 공동 마케팅 효과를 거두고 있으며, 관광객은 체험을 넘어 정선의 특산물을 기념품으로 소장할 수 있는 기회를 얻게 된다.

결국 보다공방의 활동은 교육, 체험, 사회적 포용, 상품 개발, 프리마켓 운영이라는 다층적 구조 속에서 지역민의 역량을 키우고, 특산물을 고급화하여 지역 경제를 활성화하는 상생 전략으로 이어지고 있다. 이는 공방이 지역 교육, 문화, 사회, 경제를 연결하는 종합 플랫폼으로 자리매김하고 있음을 보여주는 대표적 사례이다.

위 세 곳의 사례는 모두 같은 메시지를 전한다. 소상공인이 지역과 함께 호흡하며 상생할 때, 단순한 사업장이 아니라 지역사회의 자랑이 자 신뢰의 거점이 될 수 있다는 것이다.

지역 상권과의 협력은 또 다른 상생 모델이다. 한 카페는 옆집 빵 가 게와 제휴해 상호 할인 쿠폰을 제공했다. 카페에서 커피를 사면 빵집 에서 10% 할인, 빵집에서 빵을 사면 카페에서 10% 할인 혜택을 주는 방식이었다. 단순한 협업이었지만 두 가게 모두 매출이 20% 올랐다. 경쟁이 아닌 협력이 지역 상권 전체를 살린 것이다.

학교와 연계한 상생도 효과적이다. 인근 중학교와 함께 '행복한 아침 밥' 프로젝트를 진행한 한 분식집은 아침을 거르고 오는 학생들에게 김 밥을 반값에 제공했다. 겉으로는 손해 보는 장사 같았지만 학부모들이 감동해 저녁에 가족 단위로 찾아왔고, 학교에서는 체험학습 장소로 지 정해 학생들이 김밥 만들기 체험을 하기도 했다. 작은 나눔이 오히려 매장의 매출과 인지도 상승으로 이어진 것이다.

지역 축제 참여도 빼놓을 수 없다. 한 떡볶이집은 동네 축제가 열릴 때마다 부스를 운영했다. 당장의 수익은 크지 않았지만 '축제에서 맛 봤던 떡볶이'라는 인식이 브랜드 자산이 되었다. 이후 많은 고객이 "아, 축제 때 그 떡볶이!"라며 가게를 직접 찾아왔다.

재난 시 지역과 함께하는 모습은 특히 강력한 신뢰를 만든다. 코로 나19 시기 한 음식점은 의료진에게 매일 50개의 무료 도시락을 제공했 다. 매출이 급감한 상황에서도 포기하지 않고 지역을 위해 헌신한 것이다. 이 이야기가 알려지자 시민들은 자발적으로 포장 주문을 늘렸고, 오히려 코로나19 이전보다 매출이 증가하는 놀라운 결과를 낳았다.

지역사회 공헌의 효과는 단순히 수치로만 환산하기 어렵다. 여러 연구에서 지역 활동에 적극적인 가게의 5년 생존율은 그렇지 않은 곳보다 30% 높고, 단골고객 비율은 평균 60%로 일반 가게의 35%를 크게 웃도는 것으로 나타났다. 이는 곧 지역사회와의 신뢰 관계가 장기적 경쟁력이라는 사실을 보여준다.

소상공인의 미래는 지역사회와 함께할 때 비로소 단단해진다. 아리부엌양조, 초록뿔언덕, 보다공방처럼 지역 자원과 주민, 문화와 이야기를 결합해 상생 전략을 실천하는 곳이 진정으로 오래 살아남을 수 있다. 지역 주민과 상생하며 신뢰를 쌓는 전략이야말로 혼자서는 절대 얻을 수 없는 가장 강력한 지속 가능 경영의 기반이다.

환경을 생각하는 경영이 매출로 이어지는 법

환경경영은 비용이 아니라 기회이다. 플라스틱 줄이기, 에너지 절약, 음식물 쓰레기 감소 등 이 모든 것이 사회적 책임에 머무르지 않고 비용 절감과 매출 증대로 이어지고 있다. 최근 환경을 생각하는 소비자가 꾸준히 늘면서 '에코 프렌들리'라는 키워드는 강력한 마케팅 포인트로 자리 잡았다.

한 김밥집은 비닐 포장을 종이 포장으로 교체했다. 처음에는 포장비가 30% 올랐지만 '친환경 김밥집'이라는 이미지가 입소문을 타면서 젊은 세대 고객이 크게 늘었다. 특히 아이가 있는 엄마들이 "안심하고 먹을 수 있다"라며 단골로 자리 잡았다. 그 결과 6개월 만에 매출이 25% 증가했다. 이는 친환경 투자 비용이 단기적으로는 부담이 될 수 있으나, 장기적으로는 브랜드 신뢰와 충성고객 확보로 이어지는 선순환 구조임을 보여준다.

에너지 절약도 비용 절감 효과를 낳는다. 한 빵집은 매장의 모든 조명을 LED로 교체하고, 오븐의 여열을 활용하는 베이킹 순서를 개발했다. 그 결과 매달 전기료가 30만 원 절감되었다. 더 나아가 '탄소 줄이기 실천 가게' 인증을 받아 친환경 이미지를 구축하고 마케팅에 활용하면서 신규 고객이 증가했다.

음식물 쓰레기를 줄이는 노력은 원가 절감의 지름길이다. 한 뷔페는 기존의 '남기면 벌금' 정책 대신 '깨끗이 비우면 할인'이라는 긍정적인 방식을 도입했다. 접시를 깨끗이 비운 고객에게 다음 방문 시 사용할 수 있는 10% 할인권을 제공한 것이다. 그 결과 음식물 쓰레기가 70% 줄었고, 재방문율이 40% 상승했다. 단순히 쓰레기를 줄이는 데 그치지 않고 고객의 충성도를 높이는 전략으로 연결된 것이다.

리필 스테이션 운영도 주목할 만하다. 한 세제 가게는 용기를 가져오면 세제를 리필할 수 있도록 했다. 포장 비용이 줄어들었을 뿐 아니라 환경을 생각하는 충성고객이 생겨 단골이 늘었다. '플라스틱 줄이기에 동참하는 가게'로 언론에 소개되면서 무료 홍보 효과까지 얻었다.

업사이클링 또한 환경경영의 훌륭한 방법이다. 한 카페는 커피 찌꺼기를 화분 거름으로 만들어 판매했다. 원래는 버리던 폐기물이 수익원으로 전환된 것이다. 월 20만 원의 추가 수익을 얻었고, 동시에 '자원순환 카페'라는 이미지를 확보했다.

실제로 환경경영의 투자 대비 효과는 매우 크다. 한 연구에 따르면, 친환경 매장으로 전환한 가게의 평균 매출은 1년 내 15%, 2년 내 30% 증가했다. 특히 MZ 세대와 2030 고객 비중이 50% 이상인 업종일수록 효과가 두드러졌다.

결국 환경을 생각하는 경영은 비용 절감이나 도덕적 선택을 넘어 매출로 이어지는 강력한 전략이다. 소비자는 제품을 소비할 때 가격이나 품질만을 보는 것이 아니라 그것을 제공하는 기업의 가치와 철학까지 함께 소비하고 있다. 친환경 실천은 곧 브랜드 신뢰를 강화하는 요소가 되고, 충성고객을 확보하는 힘이 된다. 따라서 환경경영은 선택이 아니라 필수이며, 지속 가능한 성장을 위한 가장 확실한 길이다.

직원이 행복한 가게가 고객도 행복하게 만든다

소상공인에게는 두 부류의 고객이 있다. 바로 내부고객과 외부고객이다. 내부고객은 직원과 아르바이트생을 의미하고, 외부고객은 실제 매장을 찾는 손님들이다. 흔히 대표들은 외부고객을 먼저 떠올리지만,

그보다 앞서 반드시 만족시켜야 할 대상은 내부고객, 즉 직원들이다. 직원이 만족하고 행복해야 비로소 외부고객에게 최상의 서비스를 제공할 수 있기 때문이다. 직원이 육체적으로는 힘들 수 있으나 정신적으로 즐겁고 행복하다면 고객 응대 과정에서도 자연스럽게 밝은 태도가 나타난다. 결국 그 성과와 보상은 고스란히 경영자에게 돌아온다. 이러한 원리를 '관계 마케팅'이라고 부른다.

소상공인의 사업은 인재의 중요성이 크게 강조된다. 외식업을 비롯한 소상공인의 사업은 흔히 '피플 비즈니스(People Business)'라 불리며, 단순히 인력(人材)이 아니라 소중한 자산(人財)으로 바라봐야 한다. 특히 외식업은 이직률이 높아 직원을 훈련시키고 서비스 품질을 높이려 해도 금세 이탈하는 경우가 많다. 따라서 직원의 장기근속이 무엇보다 중요하다.

예를 들어 0.8의 능력을 가진 직원 5명이 함께 일하면 효율은 4에 불과하지만, 1.3의 능력을 가진 직원 4명이 근속하면 효율은 5.2로 훨씬 높아진다. 이는 직원 만족도가 곧 노동 효율과 직결된다는 점을 잘 보여준다.

한 외식업체 대표의 사례는 이를 증명한다. 대표는 직원의 생일을 챙겨 작은 파티를 열어주었고, 이에 감동한 직원은 눈물을 흘리며 고마움을 표현했다. 가정의 달 5월에는 보약을 지어 직원들에게 선물하고, 어버이날에는 카네이션을 달아주었다. 여름 휴가철에는 직원과 그 가족을 제주도로 보내주었으며, 성탄절에는 미니 케이크와 직접 담근 복분자를 선물해 가족과 함께 작은 파티를 즐길 수 있도록 배려했다.

이러한 세심한 배려와 진정성 있는 대표의 태도는 직원들에게 깊은 감동을 주었고, 결국 직원들이 '대표의 충성고객'이 되는 결과로 이어졌다. 내부고객의 행복이 곧 외부고객의 만족으로 이어지고, 나아가 사업의 성과와 지속가능성을 보장한다는 점에서 직원 만족 서비스는 소상공인 경영의 핵심 요소라 할 수 있다.

"직원이 곧 고객이다."

스타벅스 창업자 하워드 슐츠의 이 말은 본질을 꿰뚫는다. 직원을 잘 대하면 직원이 고객을 잘 대한다. 단순한 논리지만 이를 실천하는 곳은 많지 않다. 많은 소상공인이 인건비를 비용으로만 인식한다. 그러나 인건비는 단순한 지출이 아니라 투자다. 직원에 대한 투자가 곧 서비스 품질로, 고객 만족으로, 나아가 매출로 돌아온다는 사실을 간과해서는 안 된다. 직원은 단순히 고용되어 일을 수행하는 인력이 아니다. 그들의 행복과 만족은 고객이 경험하는 서비스의 질을 결정한다. 결국 "직원이 곧 고객이다"라는 말은 내부고객이 행복해야 외부고객 또한 행복할 수 있다는 뜻이다.

직원이 행복해야 서비스 품질이 달라진다. 한 미용실 원장의 철학은 이를 잘 보여준다. 그는 "직원이 행복해야 고객의 머리를 예쁘게 만들 수 있다"라는 신념으로 경영을 이어왔다. 직원들에게 업계 최고 수준의 급여를 제공하고, 매년 해외 연수를 보냈으며, 주 40시간 근무제를 철저히 지켰다. 인건비 부담은 컸지만 최고의 실력을 갖춘 인재들이 자연스럽게 모여들었고, 고객들은 "이곳 직원들은 다르다"라는 인식을 갖게 되었다. 그 결과 예약은 두 주 전부터 마감될 정도로 큰 인기를 얻었다.

또 다른 카페 역시 직원 복지에 아낌없이 투자했다. 직원 전용 휴게실을 마련하고 무료 음료와 간식을 제공했으며, 점심 식사비까지 지원했다. 한 달에 약 100만 원의 추가 비용이 들었지만 직원들의 근무 만족도가 눈에 띄게 높아졌다. 그 결과 실수가 줄고 서비스 품질이 좋아졌으며, 고객 만족도는 무려 20% 상승하는 성과를 거두었다.

교육은 비용이 아니라 성장의 자산이다. 직원 교육은 단기적으로 보면 비용이지만, 장기적으로는 매장의 성장 자산이 된다. 한 베이커리는 매월 첫째 주 월요일을 '교육의 날'로 정해 오전에는 제빵 기술을, 오후에는 서비스 교육을 진행했다. 하루 매출을 포기해야 했지만, 시간이 지날수록 직원들의 실력이 눈에 띄게 향상되었고 품질 또한 개선되었다. 나아가 신메뉴 개발 능력까지 생겨나 매출이 30% 증가하는 성과를 얻었다. 교육을 통해 직원들이 성장하면 그 성장이 곧 매장의 경쟁력으로 이어지는 것이다.

공정한 보상 체계는 직원들의 충성심을 높인다. 한 치킨집은 매출 목표를 달성하면 전 직원에게 인센티브를 지급했다. 이 과정에서 주목할 점은 개인 성과가 아닌 팀 성과를 기준으로 했다는 것이다. 그 결과 직원들이 서로 경쟁하기보다 협력하며 일하는 문화가 자리 잡았다. 매장의 분위기는 한층 밝아지고, 이직률은 80%에서 10%로 급격히 감소했다. 공정한 보상과 협력 중심의 문화는 직원들의 만족도를 넘어 장기적 성장을 위한 기반이 되었다.

직원 의견을 경영에 반영하는 것도 중요하다. 한 음식점은 매월 '직원 아이디어 회의'를 개최했다. 메뉴 개선, 서비스 혁신, 비용 절감 아이디어를 자유롭게 제안할 수 있도록 했고, 채택된 아이디어에는 보상을 제공했다. 이러한 제도는 직원들에게 주인의식을 심어주었고, 매장은 더욱 활기를 띠게 되었다. 고객 경험 역시 한층 개선되었음은 물론이다.

서비스산업진흥원의 조사에 따르면, 직원 만족도가 높은 매장은 고객 재방문율이 평균 25% 더 높았다. 특히 서비스업에서는 직원 만족도와 매출이 정비례 관계를 보였다. 이는 앞서 살펴본 사례들과 일맥상통한다. 결국 직원이 행복해야 고객이 행복하고, 고객이 행복해야 매출이 늘어나며, 그 결과는 다시 경영자의 성과로 돌아온다.

한식업으로 큰 성공을 거두었던 한 대표의 이야기도 시사점을 준다. 그는 사업 성공 후 현금 자산을 다른 사업에 투자했으나 결국 사업은 폐업의 길로 들어서게 되었다. 고심 끝에 치킨 메뉴로 재창업하게 되었는데, 과거 한식당에서 함께했던 직원들이 다시 모여 의기투합했다. 창업 비용을 최소화하기 위해 상권 입지 5등급 지역에서 시작했지만, 결과는 기대 이상이었다. 배달 앱을 사용하지 않고 직원들이 직접 배달에 나서 친절하게 고객과 인사하며 지역 내 입소문을 만들었고, 포장 고객들에게는 주방을 공개해 청결 관리 수준을 직접 보여주며 신뢰를 쌓았다. 또 포장 고객에게는 20% 할인 혜택을 제공해 직접 매장을 방문하도록 유도했다. 직원들의 서비스 마인드와 대표의 경영 철학이 더해져 현재는 프랜차이즈 대표로 활발히 활동하고 있다.

결국 직원은 비용이 아닌 자산이다. 소상공인의 경쟁력은 '사람'에서 비롯된다. 다시 한번 강조하지만, 단순히 인력(人材)으로 보는 것이 아니라 자산(人財)으로 인식해야 한다. 직원이 곧 고객이며, 직원이 행복해야 고객도 행복하다. 그리고 고객이 행복해야 사업은 지속적으로 성장한다.

직원을 비용으로만 보는 경영은 단기적인 이익만을 좇는 길일 뿐이다. 그러나 직원을 투자 대상으로 여기고, 그들의 행복과 성장을 경영철학의 중심에 두는 곳은 장기적인 성공과 지속가능성을 확보할 수 있다. 결국 소상공인의 가장 중요한 경쟁력은 제품도, 자본도 아닌 바로 사람이다.

지속 가능한 경영은 선택이 아니라 필수다. ESG, 윤리경영, 상생, 환경, 직원 행복 등 이 모든 것이 결국 하나로 연결된다.

"좋은 기업이 오래간다."

당장은 비용처럼 보여도 장기적으로는 최고의 투자가 된다. 작은 가게일수록 더 쉽게 실천할 수 있다. 오늘부터 하나씩 시작해보자. 당신의 가게가 100년 가게가 되는 그날까지.

Chapter 03

나만의 비즈니스 모델 만들기

"이미 너무 많은 카페가 있는데, 내가 하면 뭐가 다르지?", "우리 동네 치킨집만 해도 다섯 곳인데, 경쟁이 될까?"

창업을 고민하는 사람들의 걱정이다. 맞는 말이다. 같은 업종에 같은 방식으로 뛰어들면 치킨 게임이 될 수밖에 없다. 하지만 비즈니스 모델을 다르게 설계하면 이야기는 달라진다.

비즈니스 모델이란 누구에게, 무엇을, 어떻게 팔아서 돈을 버는가를 정리한 것이다. 같은 업종이라도 비즈니스 모델이 다르면 완전히 다른 사업이 된다. 스타벅스와 동네 다방은 둘 다 커피를 팔지만 비즈니스 모델이 다르다. 맥도날드와 파인다이닝 레스토랑도 마찬가지다. 핵심은 차별화다. 남들과 다른 가치를 만들어내는 것이다.

나만의 비즈니스 모델을 만들기 위해서는 첫째, 고객을 정의하는 것이 중요하다. 모두를 만족시키려는 사업은 누구도 만족시키지 못한다. 젊은 직장인, 아이를 키우는 부모, 지역의 어르신 등 고객을 명확하게 설정해야 한다. 고객의 특성을 세분화하면 어떤 문제를 해결할지, 어떤 가치를 줄지가 보인다.

둘째, 무엇을 팔 것인가를 고민해야 한다. 단순히 제품이나 서비스가 아니라 고객이 얻는 경험과 가치를 함께 설계해야 한다. 같은 커피라도 '빠르고 저렴하게' 제공하는 것과 '편안하고 특별한 공간 경험'을 함께 제공하는 것은 전혀 다른 비즈니스 모델이다.

셋째, 어떻게 팔 것인가가 차별화를 만든다. 온라인 판매, 구독 서비스, 멤버십 제도, 배달 중심, 체험형 매장 등 방식은 무궁무진하다. 같은 치킨집이라도 '단체 주문 중심', '야식 전문', '건강한 치킨'으로 비즈니스 모델을 달리하면 시장에서 다른 위치를 차지할 수 있다.

나만의 비즈니스 모델은 남들과 다른 고객가치 제안에서 출발한다. 가격 경쟁에 매달리는 것이 아니라 내가 제공할 수 있는 특별한 경험과 차별적인 포인트를 설계하는 것이다. 이때 중요한 것은 규모가 크지 않아도 된다는 점이다. 소수의 고객에게 확실한 만족을 주는 방식으로 출발하면 된다. 그렇게 차별화된 가치를 만든 사업만이 경쟁을 넘어 자신만의 시장을 창출할 수 있다.

비즈니스 모델 캔버스
9가지 블록 완성하기

비즈니스 모델 캔버스는 한 장의 종이에 사업 전체를 설계하는 도구이다. 알렉산더 오스터왈더가 개발한 이 프레임워크는 전 세계 창업가와 기업가들이 널리 활용하는 도구 중 하나이다. 복잡한 사업 아이디어를 단순화해 시각적으로 표현할 수 있으며, 전체 사업 구조를 한눈에 조망할 수 있다는 장점이 있다. 이 모델은 9가지 블록으로 구성되어 있으며, 각 블록을 차례로 채워나가면 사업의 청사진이 완성된다.

❶ 고객 세그먼트(Customer Segments)

내가 서비스할 고객이 누구인지 명확히 정의하는 단계이다. 모든 사람은 답이 될 수 없다. 연령, 성별, 소득, 생활 패턴, 가치관까지 구체적으로 정의해야 한다. 한 베이커리는 고객을 "30~40대 워킹맘, 아침 식사 준비가 부담스러운 여성"으로 정의했다. 이에 맞춰 영업 시간을 오전 7시로 앞당기고, 간단히 먹을 수 있는 샌드위치와 주스를 주력 메뉴로 구성했다. 고객을 세밀하게 정의할수록 차별화된 전략이 가능해진다.

❷ 가치 제안(Value Propositions)

고객에게 어떤 가치를 제공할 것인가를 규정하는 블록이다. 단순히 맛있는 음식이나 저렴한 가격이 아니라 고객의 구체적인 문제를 어떻게 해결하는지가 중요하다. 앞서 언급한 베이커리의 가치 제안은 "바쁜 아침 5분 만에 영양가 있는 아침 식사 해결"이었다. 가치는 제품 그 자체뿐 아니라 경험, 서비스, 신뢰, 이미지까지 포함된다.

❸ 채널(Channels)

고객과 만나는 방법을 정의하는 블록이다. 오프라인 매장, 온라인 스토어, 배달 앱, SNS 등 다양한 채널이 있으며, 각 채널마다 역할이 다르다. 한 카페는 오프라인 매장에서 브랜드 경험을 제공하고, 인스타그램에서 시그니처 메뉴를 홍보하며, 배달 앱을 통해 디저트를 판매한다. 채널은 단순히 판매의 수단이 아니라 고객과의 접점이자 브랜드 인식의 매개체이다.

❹ 고객 관계(Customer Relationships)

고객과 어떤 관계를 맺을 것인가를 정의하는 블록이다. 일회성 거래로 끝낼 것인지, 장기적 관계를 유지할 것인지에 따라 접근 방식이 달라진다. 한 미용실은 신규 고객 확보보다 기존 고객 관리에 집중했다. 멤버십 제도를 운영해 단골고객에게 특별 혜택을 제공했고, 고객 생애 가치를 극대화하는 전략을 통해 꾸준한 매출을 유지했다.

❺ 수익원(Revenue Streams)

사업에서 어떻게 돈을 벌 것인가를 정의하는 블록이다. 제품 판매, 서비스 제공, 구독료, 광고료, 중개 수수료 등 다양한 수익 모델이 있다. 한 서점은 책 판매에 그치지 않고, 독서 모임 참가비, 스터디룸 대여료, 북 큐레이션 서비스료 등으로 수익원을 다각화했다. 고객 세그먼트마다 지불 방식과 의사가 다르기 때문에 어떤 방식이 가장 적합한지 설계해야 한다. 이 전략은 단순한 서점이 아니라 복합 문화공간으로 자리매김하게 했다.

❻ 핵심 자원(Key Resources)

사업을 운영하기 위해 반드시 필요한 자원이 무엇인지 정의하는 블록이다. 인적 자원, 물적 자원, 지적 자원, 재정 자원으로 나눌 수 있다. 한 맛집은 30년 경력의 주방장이 핵심 자원이다. 이 주방장의 노하우와 레시피는 경쟁자가 쉽게 모방할 수 없는 강력한 차별화 요소이다. 스타트업이라면 기술과 특허, 플랫폼 사업이라면 네트워크와 데이터가 핵심 자원이 될 수 있다.

❼ 핵심 활동(Key Activities)

가치를 창출하기 위해 반드시 해야 하는 활동을 정의하는 블록이다. 제조, 문제 해결, 품질 관리, 플랫폼 운영, 마케팅 등이 여기에 포함된다. 위 맛집의 경우 핵심 활동은 '지속적인 요리 개발과 품질 관리'이다. 스타트업이라면 '앱 개발과 사용자 피드백 반영', 유통업체라면 '물류 관리와 공급망 최적화'가 핵심 활동이 될 수 있다.

❽ 핵심 파트너십(Key Partnerships)

누구와 협력할 것인가를 정의하는 블록이다. 공급업체, 유통업체, 전략적 파트너, 제휴사 등 외부와의 협력 관계가 포함된다. 한 의류 매장은 신진 디자이너와 독점 파트너십을 맺어 다른 매장에서 볼 수 없는 독창적 상품을 제공했다. 파트너십은 비용 절감, 리스크 분산, 새로운 시장 진출의 기회를 만들어낸다.

❾ 비용 구조(Cost Structure)

사업 운영에서 발생하는 주요 비용을 파악하는 블록이다. 고정비(임대료, 인건비, 감가상각비)와 변동비(원자재, 광고비, 유통비)를 정확히 분석해야 한다. 위의 의류 매장은 임대료보다 상품 매입비가 더 큰 비중을 차지했다. 비용 구조를 파악해야 수익 구조와 균형을 맞출 수 있으며, 어디에서 절감할 수 있는지, 어디에 집중 투자해야 하는지를 판단할 수 있다.

비즈니스 모델 캔버스는 단순히 사업 아이디어를 기록하는 도구가 아니라 사업의 논리를 시각화하는 전략 지도이다. 고객 세그먼트에서 시작해 가치 제안, 채널, 관계, 수익원으로 이어지고, 이를 가능하게 하는 자원·활동·파트너십 그리고 마지막으로 비용 구조까지 채워 넣으면 하나의 완결된 사업 구조가 된다.

사업을 시작하거나 기존 사업을 재정비할 때 이 9개의 블록을 통해 자신의 비즈니스 모델을 점검하면 강점과 약점을 동시에 파악할 수 있으며, 경쟁자와의 차별화 요소를 명확히 정의할 수 있다.

<비즈니스 모델 캔버스>

⑧ 핵심 파트너십 (Key Partners)	⑦ 핵심 활동 (Key Activities)	② 가치 제안 (Value Proposition)	④ 고객 관계 (Customer Relationships)	① 고객 세그먼트 (Customer Segments)
비즈니스를 성공적으로 운영하거나 발전시키기 위해 누구와 전략적 파트너십을 맺어야 하는가?	비즈니스를 운영하는 데 가장 중요한 일과 행동은 무엇인가?	고객이 원하는 것은 무엇이며, 우리는 어떤 차별화된 가치를 제공할 것인가?	고객과 어떤 관계를 맺고, 어떤 역할을 수행할 것인가?	우리가 만들고자 하는 제품이나 서비스를 구매하거나 이용할 고객이 누구인가?
	⑥ 핵심 자원 (Key Resources)		③ 채널 (Channels)	
	비즈니스를 운영하는 데 가장 필요한 자원과 자산은 무엇인가?		고객에게 가치를 어떤 방식으로, 어떤 접점에서 전달할 것인가?	

⑨ 비용 구조 (Cost Structrue)	⑤ 수익원 (Revenue Streams)
비즈니스를 운영할 때 어떤 비용들이 주된 비용인가?	고객에게 가치를 제공한 후에 어떤 방식으로 수익을 창출할 것인가?

타깃 고객 정의:
모두를 위한 것은 아무도 위한 것이 아니다

'모든 사람이 우리 고객'이라고 생각하는 순간 망한다. 모든 사람을 만족시키려다 아무도 만족시키지 못하기 때문이다. 성공하는 사업은 명확한 타깃 고객을 가지고 있다. 그들의 니즈를 깊이 이해하고, 그들만을 위한 가치를 만들어야 한다.

고객 세분화는 다양한 기준으로 할 수 있다. 인구통계학적 기준(나이, 성별, 소득), 지리적 기준(거주지, 직장), 심리적 기준(라이프 스타일, 가치관), 행동적 기준(구매 패턴, 사용 빈도, 브랜드 충성도) 등이다. 이 중 2~3가지를 조합해 구체적인 고객상을 만들어야 한다.

행동 기준은 고객이 실제로 어떤 방식으로 제품을 사용하고, 어떤 구매 습관을 가지고 있는지를 분석하는 것이다. 구매 빈도, 구매 금액, 브랜드 충성도, 사용 시간대, 반응 패턴 등이 대표적 요소이다. 예를 들어 '주말에 가족 단위로 외식하는 빈도가 높은 고객'이나 '출근길에 매일 아침 커피를 사는 직장인' 같은 행동 기준은 실제 매출과 직접 연결된다. 한 패스트푸드점은 '야간 배달을 자주 이용하는 고객층'을 행동 기준으로 세분화했고, 심야 시간대 할인 메뉴를 출시해 신규 매출을 크게 늘렸다.

심리 기준은 고객의 라이프 스타일과 가치관, 태도를 분석하는 것이다. 단순히 연령이나 소득만으로는 파악할 수 없는 깊은 욕구를 찾아내는 과정이다. 건강을 중시하는 사람, 가성비를 중요하게 생각하는 사람, 프리미엄 라이프 스타일을 추구하는 사람 등으로 나누어 접근할 수 있다. 예를 들어 같은 30대 여성이라도 어떤 이는 '최저가 할인'에 반응하고, 어떤 이는 '친환경 로컬푸드'라는 가치에 반응한다. 한 친환경 편의점은 심리 기준을 '환경을 중시하고, SNS에서 자신의 소비를 자랑하고 싶어하는 고객'으로 잡았고, 친환경 인증 마크를 매장과 제품 패키지에 강조해 MZ 세대 단골을 확보했다.

한 반려동물 용품점의 사례를 보자. 처음에는 '반려동물을 키우는 모든 사람'을 타깃으로 했다. 그러나 매출은 부진했다. 시장 조사 결과 반려동물 시장에도 세분화가 필요했다. 결국 '30~40대 맞벌이 부부, 소형견 1마리 키움, 반려동물을 가족처럼 생각함, 반려동물 관련 월 지출 20만 원 이상'으로 타깃을 구체화했다. 이때 행동 기준은 '온라인으로 정기 배송을 선호하는 소비자', 심리 기준은 '반려동물을 가족으로 생각하며 건강과 행복을 우선시하는 소비자'였다. 이에 맞춰 프리미엄 사료와 건강 관리 용품에 집중했더니 매출이 50% 증가했다.

또 한 카페는 주 고객을 페르소나 기법으로 정의했다. '김미영(32세), 회사원, 연봉 4500만 원, 혼자 사는 1인 가구, 인스타그램 활동 활발, 카페에서 사진 찍기 좋아함, 건강한 메뉴 선호'로 설정했다. 행동 기준은 '하루에 1~2회 카페를 방문하고, 인스타그램에 사진을 업로드하는 습관', 심리 기준은 '건강과 자기 관리에 대한 욕구, SNS에서 자기 표현 욕구'였다. 모든 메뉴 개발과 인테리어를 김미영 기준으로 결정하니 카페의 정체성이 뚜렷해졌다.

고객의 일과를 따라가 보는 것도 좋은 방법이다. 한 편의점은 오전

7~9시의 고객을 분석했다. 대부분 출근길 직장인이었고, 아침 식사용 삼각김밥과 커피를 찾았다. 행동 기준은 '출근 전 짧은 시간에 간단한 아침을 해결하는 습관', 심리 기준은 '빠르면서도 합리적인 소비를 원하는 욕구'였다. 이에 맞춰 따뜻한 김밥과 할인 커피를 준비하니 아침 매출이 40% 늘었다.

고객의 숨은 니즈를 찾는 것도 중요하다. 겉으로 드러나는 니즈는 경쟁업체도 쉽게 알 수 있다. 하지만 고객조차 인식하지 못하는 숨은 니즈를 발견하면 블루오션이 열린다. 한 아이스크림 가게는 "더위를 식히고 싶다"라는 니즈 외에 "아이와 함께 즐거운 시간을 보내고 싶다"라는 숨은 니즈를 발견했다. 행동 기준은 '주말마다 아이와 함께 외출하는 가족 단위 소비', 심리 기준은 '아이와의 특별한 추억 만들기 욕구'였다. 이를 바탕으로 아이스크림 만들기 체험 프로그램을 도입했고, 차별화된 경쟁력이 되었다.

결국 타깃 고객 정의란 '누구인가'를 밝히는 것을 넘어 '어떻게 행동하는가(행동 기준)', '무엇을 중요하게 생각하는가(심리 기준)'까지 세밀하게 파악하는 것이다. 타깃 고객이 구체적일수록 사업의 방향은 명확해지고, 경쟁을 넘어서는 차별화가 가능해진다.

왜 망하는가 vs 왜 성공하는가

가치 제안 설계:
고객이 정말 원하는 것 찾기

고객이 돈을 지불하는 이유는 제품 자체가 아니라 제품이 주는 가치에 있다. 드릴을 사는 고객은 드릴이 필요한 것이 아니라 구멍이 필요한 것이다. 이처럼 고객이 진정으로 원하는 것이 무엇인지, 즉 고객이 해결하고자 하는 문제와 얻고자 하는 가치를 파악해야 한다.

가치는 크게 기능적 가치, 감정적 가치, 사회적 가치로 나눌 수 있다. 기능적 가치는 제품의 성능과 효용을 의미한다. 감정적 가치는 제품이 주는 기분과 경험을 뜻하며, 사회적 가치는 남들에게 보여지는 이미지와 지위를 포함한다. 예를 들어 햄버거 가게인 맥도날드는 빠르고 저렴한 식사라는 기능적 가치를 제공한다. 동시에 어린 시절 추억과 가족과의 즐거운 시간이라는 감정적 가치를 선사하고, 글로벌 브랜드라는 트렌디함을 통해 사회적 가치를 만들어낸다. 이 세 가지가 조합되어 맥도날드만의 독특한 가치가 형성된다.

고객이 제품이나 서비스를 선택하는 이유를 이해하기 위해서는 고객이 우리 제품을 '고용'하는 이유를 분석하는 것이 필요하다. 이를 'Job-to-be-Done'이라고 한다. 고객이 해결하려는 일이 무엇인지 파악하면 가치 제안이 선명해진다. 한 밀키트 업체는 고객이 건강한 집밥을 빠르게 해 먹고 싶어 한다는 점을 발견했고, 이에 맞춰 짧은 시간 내 조리 가능한 웰빙 메뉴를 개발했다.

또한 고객이 기존 해결책에서 겪는 불편함과 새로운 제품으로 얻을 수 있는 이득을 찾아내야 한다. 세탁소의 사례를 보면, 고객은 세탁물을 맡기고 찾는 과정의 번거로움에 불편함을 느끼고 있었다. 이를 해결하기 위해 세탁소는 문 앞에서 픽업과 배송을 해주는 서비스를 도입했고, 고객은 편리함이라는 새로운 가치를 얻게 되었다.

가치 제안은 추상적이어서는 안 된다. "좋은 서비스"라는 말은 고객의 마음을 움직이지 못한다. 반대로 "앱 호출 후 몇 분 내 도착"처럼 구체적이고 측정 가능한 표현은 고객이 즉각적으로 이해할 수 있는 설득력을 가진다. 한 택시 회사는 언제든 잡을 수 있는 택시라는 표현 대신 호출 후 신속히 도착하는 가치를 내세웠고, 이를 위해 배차 시스템을 개선하고 기사 교육을 강화했다.

가치 제안은 한 번 정했다고 끝나는 것이 아니다. 시장에서 지속적으로 검증하고 개선해야 한다. 고객에게 직접 물어보고, 행동을 관찰하며, 피드백을 수집해 조정해야 한다. 한 헬스장은 처음에는 최신 운동기구 보유를 가치 제안으로 내세웠지만, 고객 조사 결과 개인 맞춤 운동 프로그램이 더 중요하다는 사실을 알게 되었다. 이에 따라 기구 투자보다 트레이너 교육과 프로그램 개발에 집중했고, 회원 만족도를 높이는 데 성공했다.

가치 제안 설계는 고객을 명확히 정의하고, 고객이 해결하려는 일을 파악하며, 그 과정에서 발생하는 불편함과 얻고자 하는 성과를 분석한 후에 이를 해결할 수 있는 구체적이고 측정 가능한 방법을 제시하는 과정이다. 그리고 고객의 피드백을 통해 끊임없이 수정하고 발전시켜야 한다.

결국 가치 제안은 사업의 심장이다. 고객은 제품의 기능이 아니라 그 기능을 통해 얻게 되는 가치를 산다. 기능적 가치, 감정적 가치, 사회적 가치가 균형 있게 어우러질 때 비로소 차별화된 브랜드가 완성된다. 창업가는 고객의 숨은 욕구를 이해하고, 불편함을 줄이며, 이득을 극대화하는 방식으로 가치 제안을 설계해야 한다. 좋은 가치 제안은 성공적인 비즈니스 모델의 출발점이다.

수익 모델 다각화: 한 가지 수입원에 의존하지 마라

"모든 달걀을 한 바구니에 담지 마라"라는 말은 투자 원칙에만 국한되지 않는다. 소상공인이나 중견기업, 대기업을 막론하고 하나의 수익원에만 의존하는 것은 매우 위험한 선택이다. 시장의 변화와 외부 충격에 한순간에 매출이 흔들릴 수 있으며, 이는 곧 사업 존속 자체를 위협한다. 반대로 성공하는 기업들은 다양한 수익원을 확보하여 위기 상황에서도 안정적인 성장을 이어 간다.

전통적인 수익 모델에는 제품 판매, 서비스 제공, 사용료 청구, 구독료, 광고료, 중개 수수료 등이 있다. 예를 들어 한 서점은 단순히 책 판매에 그치지 않고 독서 모임 진행을 통해 서비스 제공의 수익을 얻고, 스터디룸 대여로 사용료를 확보하며, 월간 북 큐레이션 서비스를 구독료 형태로 운영하고, 출판사 북 토크 개최를 통해 광고료까지 수익화하면서 총 다섯 가지의 수익원을 확보하였다. 이러한 전략은 단일 상품이나 서비스에 의존하는 구조보다 훨씬 안정적이다. 실제 매장 안에서의 부가 수익은 경영자에게 큰 도움이 된다. 고객이 매장에 들어왔을 때 한 번 더 소비할 이유를 만들어 주는 것이 핵심이다.

필자가 주목하고 있는 카페 '감자밭'은 그 좋은 사례다. 기회가 있을 때마다 그 카페를 방문하는데, 최근 확장한 매장을 방문하고 감탄을 금치 못했다. 카페의 규모에 놀랐던 것은 아니다. 이곳은 전국 매장과 백화점에서 대표 브랜드 베이커리를 판매하는 중견기업 수준으로 성장했는데, 단순히 빵만 판매하지 않고 독창적인 진열 방식을 통해 매출을 다각화했다. 매장에서는 옥수수빵을 옥수수자루에 담아서 판매하고, 감자빵은 감자 박스에 넣어서 진열되어 있다.

최근 놀라웠던 것은 밭에서 수확하는 양파, 호박, 감자, 가지 등의 구황작물이나 채소를 굿즈로 판매하고 있었다. 그런데 이 상품은 마치 농촌 장터를 연상시키는 경험을 제공하고 있다. 시장에서 장을 보는 느낌으로 박스 위 소쿠리에 굿즈로 만든 상품을 한 상품씩 래핑을 하여 담아둔 것이다. 심지어 냉장고에도 상품 하나씩 담아서 진열된 것을 보고 매출의 부가 수익을 올리기 위한 아이디어에 놀라웠다.

하나의 상품으로는 매출 극대화에 한계가 있으므로 체험 카페를 운영하거나 새로운 수익 모델로 카페에서 꽃이나 화분을 판매하기도 한다. 또한 음식점에서 식사 중에 요리를 담았던 그릇 판매대를 선보이기도 하고, 방문 고객의 특성에 맞도록 의류 전시 판매 등으로 수익 구조를 넓히는 사례가 점점 더 많아지고 있다. 특히 고객이 예상치 못한

왜 망하는가 vs 왜 성공하는가

곳에서 새로운 가치를 발견하도록 유도하는 것이 핵심이다.

요즘 디지털 시대에는 각종 새로운 수익 모델이 등장하고 있다. 플랫폼 모델, 프리미엄 모델, 롱테일 모델 등이다. 한 요가원은 전통적인 모델인 오프라인 수업에만 의존하지 않고 온라인 클래스를 운영하여 플랫폼 모델을 구축했으며, 소규모 집중 개인 레슨을 통해 프리미엄 모델을 적용하고, 요가 매트와 의류 같은 용품을 판매해 롱테일 모델로 확장하였다. 이렇게 하면 단일 서비스의 계절적 한계나 고객 유입의 편차를 극복할 수 있으며, 고객 입장에서는 언제 어디서든 다양한 방식으로 서비스를 선택할 수 있다.

B2C와 B2B를 병행하는 것도 강력한 전략이다. 한 베이커리는 매장에서는 일반 소비자에게 제품을 판매하면서 동시에 카페나 레스토랑을 대상으로 도매를 진행했다. 낮에는 소매 판매로 고객을 응대하고, 새벽과 저녁 시간에는 도매 생산을 진행함으로써 시설 가동률을 극대화했다. 이는 설비 투자 대비 효율을 높이고 매출 구조를 안정화하는 데 크게 기여했다.

소비 패턴이 계절에 따라 달라지는 점을 활용한 사례도 있다. 한 아이스크림 가게는 겨울철 매출 급감을 대비해 크리스마스 케이크, 신년 떡 제작 서비스를 시작했다. 여름에 쓰던 장비를 겨울 상품 생산에도 활용함으로써 계절적 매출 격차를 줄였고, 연중 내내 안정적인 운영이 가능해졌다.

데이터 역시 훌륭한 수익원이 될 수 있다. 한 카페는 고객 데이터를 분석해 인근 상권 트렌드 리포트를 만든다. 이를 부동산 업체나 창업 컨설턴트에게 판매해 월 200만 원의 추가 수익을 올렸다. 데이터 기반의 분석은 내부적으로는 맞춤형 프로모션과 신상품 기획에도 활용되어 추가 매출 증대로 이어졌다. 이처럼 보이지 않는 자산인 데이터가 또 다른 현금흐름으로 연결되는 시대가 된 것이다.

공간과 시간을 다르게 활용하는 것도 수익 다각화의 방법이다. 한 음식점은 점심에는 직장인을 대상으로 간편식을, 저녁에는 가족 단위 정식을, 심야에는 배달 전문으로 운영했다. 같은 공간에서 시간대별로 세 가지 다른 사업을 운영하면서 매출을 극대화한 셈이다.

그러나 수익원을 무작정 늘리는 것은 위험하다. 핵심 역량과 시너지가 있는 분야로 확장해야만 장기적인 성공을 거둘 수 있다. 예를 들어 헬스장이 전문성도 없이 카페를 운영한다면 고객은 혼란스러워할 뿐 아니라 실패 가능성이 크다. 대신 건강식품, 운동복, 개인 트레이닝과 같이 본래 역량과 연계된 분야로 확장하는 것이 현명하다.

수익 다각화는 단순히 돈을 벌 수 있는 통로를 많이 만드는 것이 아니다. 고객 경험을 확장하고, 계절과 시간 그리고 채널의 한계를 극복하며, 핵심 사업을 강화하는 전략적 선택이어야 한다. 직원과 고객, 시장과 데이터, 제품과 서비스가 유기적으로 연결되는 구조를 설계할 때 소상공인은 위기에도 흔들리지 않는 경영 기반을 마련할 수 있다.

성공하는 기업은 환경의 변화를 위기로만 보지 않고 새로운 기회를 발굴해 수익 구조로 연결하는 지혜를 발휘한다. 결국 "모든 달걀을 한 바구니에 담지 마라"라는 교훈은 단순한 경계가 아니라 지속 가능한 성장을 위한 필수 조건임을 잊지 말아야 한다.

경쟁우위 전략:
레드오션에서 블루오션 만들기

시장은 크게 레드오션(Red Ocean)과 블루오션(Blue Ocean)로 나뉜다. 레드오션은 기존 시장에서 치열한 경쟁을 벌이는 것이다. 피가 튀는 경쟁이라 해서 붉은 바다다. 블루오션은 경쟁이 없는 새로운 시장을 만드는 것이다. 푸른 바다처럼 평온하다.

레드오션 전략의 대표는 비용 우위와 차별화다. 비용 우위는 남들보다 싸게 만들어 낮은 가격으로 승부하는 것이다. 차별화는 남들과 다른 특별함으로 승부하는 것이다. 하지만 이 두 전략만으로는 한계가 있어 결국 가격 경쟁이나 모방 경쟁에 빠진다.

블루오션 전략은 다르다. 기존 시장의 경계를 넘나들며 새로운 가치를 창조한다. 한 안경원의 사례를 보자. 기존 안경원은 시력 교정이라는 기능에만 집중했다. 하지만 이 안경원은 '패션 액세서리'라는 새로운 관점을 도입했다. 안경을 의료기기가 아닌 패션 아이템으로 포지셔닝했다. 매장을 부티크처럼 꾸미고, 스타일리스트를 두었으며, 렌즈보다 프레임에 집중했다. 가격은 비싸졌지만 고객들이 기꺼이 지불했다.

가치 혁신(Value Innovation)이 핵심이다. 기존에 중요하다고 여겨진 요소는 제거하거나 감소시키고, 새로운 요소는 증가시키거나 창조한다. 한 노래방은 기존 노래방의 최신곡, 음향 시설은 줄이고, 대신 '혼자 와도 편한 1인실, 건강한 음식 메뉴'를 강화했다. 1인 가구 증가 트렌드에 맞춘 블루오션을 창조한 것이다.

앞서 언급한 수원의 한 칼국수 가게의 사례를 다시 한번 살펴보자. 이 가게는 점심시간에 테이블 두 바퀴 반은 돌 정도로 손님이 몰린다. 이유는 맛만이 아니다. 매장의 구조와 운영 방식에 가치 혁신이 숨어 있다. 입구에 들어서면 오른쪽에는 카운터, 정면은 홀, 왼쪽에는 투명 아크릴 작업대가 자리하고 있다. 그 작업대에서 대표는 직접 홍두깨로 밀어 칼국수를 만든다. 젊은 청년들은 그 퍼포먼스를 신기해하며 동영상과 사진을 찍어 SNS에 올리고, 어르신들은 옛날 방식이 반가워 향수에 젖어 사진을 찍은 뒤 주변에 홍보한다. 결과적으로 한 그릇의 칼국수가 단순한 식사가 아니라 볼거리와 이야깃거리로 확장되는 것이다.

이것이 바로 가치 혁신이다. 칼국수라는 흔한 메뉴를 차별화하기 위해 맛에만 집중한 것이 아니라 제조 과정 자체를 경험으로 전환한 것이다. 고객은 음식을 먹는 동시에 시각적 즐거움과 정서적 만족을 얻게 되고, 이는 자연스러운 바이럴 마케팅으로 이어진다. 기존 제품과 서비스를 다른 방식으로 경험하게 하는 것이다.

수원의 이 칼국수 가게는 '칼국수 = 허기를 채우는 음식'이라는 기존 공식을 '칼국수 = 오감을 만족시키는 경험'으로 전환했다. 이 차별화된 경험이 고객을 끌어모으고, 매출을 늘리며, 브랜드 충성도를 강화하는 힘이 되고 있다. 평범한 칼국수라는 메뉴를 과정의 경험화로 차별화하여 고객에게 새로운 가치를 제공한 것이다.

비슷한 사례는 다른 업종에서도 찾아볼 수 있다. 한 제과점은 매장 한쪽에 유리창 너머로 제빵사가 빵을 굽는 모습을 공개했다. 갓 구워지는 빵의 향과 모습을 직접 보는 경험은 고객의 감각을 자극했고, "이집은 믿을 수 있다"라는 신뢰를 만들어냈다. 또 한 카페는 드립 커피 제조 과정을 바 테이블 앞에서 직접 보여주었다. 고객은 커피를 단순히 마시는 것이 아니라 추출되는 소리와 향을 함께 즐기며 기다리는 시간을 경험으로 바꾸었다.

이처럼 가치 혁신은 새로운 제품을 만들어내는 것이 아니라 기존의 제품과 서비스를 새로운 경험으로 재해석하는 것이다. 단순한 소비가 아닌 체험과 공감을 선사할 때 고객은 스스로 매장의 홍보자가 되고, 이는 곧 매출로 이어진다.

대체재와 보완재를 활용하는 것도 방법이다. 한 세탁소는 다른 세탁소와 경쟁하지 않았다. 대신 '집에서 세탁'이라는 대체재에 주목했다. 집 세탁의 장점(편리함)과 세탁소의 장점(전문성)을 결합해 '픽업&배송 서비스'를 만들었다. 새로운 시장을 창조한 것이다.

고객의 전체 경험을 재설계하는 것도 효과적이다. 한 미용실은 단순히 머리를 자르는 곳이 아니라 '힐링 공간'으로 포지셔닝했다. 아로마 테라피, 헤드 마사지, 네일 아트까지 토털 뷰티 서비스를 제공한다. 고객은 미용실이 아닌 '나만의 휴식 공간'으로 인식한다.

기술과 아이디어를 결합하는 것도 좋다. 한 빵집은 AI를 활용해 개인 맞춤 빵을 만든다. 고객의 건강 상태, 알레르기, 취향을 입력하면 최적의 빵을 추천한다. 밀가루 대신 아몬드 가루를 쓰거나 설탕 대신 스테비아를 쓰는 식이다. 빵집이지만 '개인 맞춤 건강식품점'이 된 것이다.

중요한 것은 모방하기 어려운 경쟁우위를 만드는 것이다. 가격이나 제품은 쉽게 따라 할 수 있다. 하지만 시스템, 문화, 관계는 모방하기 어렵다. 스타벅스의 경쟁우위는 커피가 아니라 '제3의 공간' 문화다. 이는 하루아침에 만들어지지 않는다.

나만의 비즈니스 모델을 만드는 것은 예술이자 과학이다. 창의성과 논리성이 모두 필요하다. 고객을 깊이 이해하고 가치를 명확히 정의하면서 차별화된 경쟁우위를 만들어야 한다. 쉽지 않은 일이시만 한 번 만들어지면 강력한 무기가 된다.

지금 당장 비즈니스 모델 캔버스 한 장을 꺼내 당신만의 사업을 설계해보자. 아마 생각하지도 못한 기회를 발견할 것이다.

PART 02

씨앗 뿌리기:
실패율 제로에
도전하는 창업 준비

박현미

서원대학교에서 정보·통신공학 석사를, 한밭대학교에서 창업학 석사를 취득하고 현재 대전대학교 융합컨설팅학 박사과정에 재학 중이다. 소상공인 경영혁신과 창업지원 분야의 전문가로서, 충북기업진흥원 기업애로SOS 자문단 자문위원과 충북지식재산센터 IP클럽 전문위원으로 활동하고 있다. 또한 중소기업기술정보진흥원과 창업진흥원의 정책사업 자문 및 평가위원으로 참여하며, 지자체 맞춤형 컨설팅을 통해 소상공인의 지속 가능한 성장과 경영 역량 강화를 선도하는 실천형 현장 컨설턴트로 활약하고 있다.

Chapter 04

정부 지원,
모르면 손해

"절차가 복잡하고, 결국 아는 사람만 받는 거 아닌가?"

정부 지원을 이야기할 때 가장 자주 듣는 말이다. 하지만 이는 오해다. 현장에서 수많은 창업자를 만나본 경험으로 비추어 보면 정부 지원은 높은 벽이 아니라 '모르면 놓치는 숨겨진 문'에 가깝다.

지난 17년 동안 창업 보육 현장에서 수백 명의 도전을 함께 지켜보면서 딱 하나 분명히 깨달았다. 정부 지원을 제대로 활용한 창업자가 그렇지 않은 창업자보다 성공 확률이 훨씬 높다는 사실을. 단순히 돈을 조금 더 받았기 때문이 아니다. 지원 과정을 밟으면서 사업의 기초 체력을 다지고, 네트워크와 기회를 확보했기 때문에 가능했다.

정부가 매년 막대한 예산을 창업과 소상공인 지원에 투입하는 이유는 명확하다. 창업 성공이 곧 일자리 창출과 지역경제 회복의 지름길이기 때문이다. 특히 코로나19 이후 지원 규모는 더 커져 2025년 기준

중소벤처기업부, 소상공인시장진흥공단, 지자체가 마련한 창업지원금만 3조 2천억 원(정부·지자체 창업지원사업 통합 공고 및 소상공인 지원사업 통합 공고)을 넘어섰다. 이 예산은 단순한 숫자가 아니다. 실행력 있는 창업자를 기다리는 '기회의 강물'이다. 이제 소상공인이 해야 할 일은 그 강물을 내 사업의 밭으로 끌어와 싹을 틔우는 것이다.

앞으로 이어질 내용에서는 그 물줄기를 어떻게 잡아당기고 나만의 흐름으로 바꾸는지 구체적인 방법을 하나씩 다룰 것이다. 정부 지원 제도는 누군가만의 전유물이 아니다. 스스로 배우고 움직이는 사람에게 열리는 문이다. 그리고 그 문을 열고 가능성을 현실로 바꾸는 사람, 바로 지금 이 책을 읽고 있는 우리 자신이다.

창업 단계별
맞춤형 정부 지원 사업

창업을 준비할 때 정부 지원 제도는 단순한 보조금이 아닌 사업의 성패를 가르는 핵심 무기이다. 그런데 현장에서는 "절차가 너무 복잡하다"라거나 "아는 사람만 받을 수 있다"라는 오해 때문에 많은 창업자가 기회를 흘려보낸다. 하지만 실제로는 그렇지 않다. 제도를 제대로 이해하고 활용하는 순간 사업의 흐름이 완전히 달라진다.

반려동물 간식 브랜드를 준비하던 청년 창업자가 원재료를 대량 구매할 자금이 없어 경쟁에서 밀리고 있었다. 하지만 예비창업패키지에

도전해 멘토링과 사업계획서 코칭을 거쳐 최종 선정에 성공했고, 7천만 원을 지원받았다. 이 자금으로 시제품 제작과 온라인 마케팅을 진행하면서 불과 1년 만에 네이버스토어 상위권에 안착했고, 대형 유통사 입점까지 성공했다.

또 다른 사례로, 한 기계부품 기업은 창업 초기 자금난 때문에 인력 부족과 설비 한계에 시달렸다. 그러나 초기창업패키지와 지자체 지역 특화 지원사업을 연계해 총 1억 5천만 원을 확보했고, 그 결과 신규 인력을 채용하고 설비를 확충할 수 있었다. 납기 지연 문제를 해결하면서 2년 만에 매출이 두 배 이상 성장했다.

해외시장을 노린 한 IT 스타트업은 성장단계패키지(창업도약패키지)를 통해 3억 원을 지원받아 글로벌 전시회에 참가하고 해외 인증을 취득했다. 직원 수도 10명에서 50명으로 늘었고, 단순히 자금뿐 아니라 R&D, 해외 마케팅, 투자 연계 등 돈 이상의 네트워크까지 확보할 수 있었다.

이 사례들이 말해주는 바는 분명하다. 정부 지원은 단순히 서류상 제도가 아니라 창업자가 맞닥뜨리는 임대료와 인건비, 원재료 같은 고정비 문제부터 마케팅, 유통, 해외 확장까지 현실적인 문제를 해결하는 도구라는 것이다.

그렇다면 정부 지원을 어떻게 활용해야 할까? 정부 지원을 제대로 쓰기 위해서는 다음과 같은 네 가지 단계가 필요하다.

첫 번째 단계는 나의 위치를 정확히 진단하는 것이다. 지금 당신은 예비창업자인가, 초기 창업자인가, 성장 단계의 사업가인가? 출발점을 명확히 해야 지원사업 선택이 정확해진다.

두 번째 단계는 맞춤형 사업을 선택하는 것이다. 모든 제도를 무작정 신청하는 것은 오히려 시간과 자원의 낭비다. 예비 단계라면 예비창업패키지나 창업교육 프로그램이 적합하고, 초기 단계라면 초기창업패키지와 소상공인시장진흥공단의 정책자금이 현실적이다. 성장 단계에 있는 기업은 창업도약패키지, 수출바우처, 신용보증기금과 기술보증기금 같은 보증 연계 제도를 적극적으로 활용한다. 결국 핵심은 내 단계에 맞는 대표 사업 1~2개를 집중적으로 공략하는 것이다.

세 번째 단계는 데이터를 준비하는 것이다. "아이디어가 좋다"라는 말만으로는 심사위원이나 투자자를 설득할 수 없다. 최소한 고객 인터뷰 50명 이상, 예상 매출 추정치, 원가 구조, 경쟁사 비교표 같은 데이터를 미리 엑셀로 정리하면 된다. 이렇게 하면 사업계획서의 신뢰도가 크게 올라가고, 당신의 아이디어가 실현 가능한 모델임을 증명할 수 있다.

중요한 마지막 단계는 플랜 B를 마련하는 것이다. 특정 사업에서 탈락했다고 해서 모든 것이 끝나는 것은 아니다. 이미 준비한 자료와 계획서를 다른 패키지나 정책자금 신청에 재활용하면 된다. 이렇게 하면 새롭게 자료를 만드는 시간을 줄이고, 도전 기회를 끊기지 않고 이어갈 수 있다. 실제로 한 창업자는 초기창업패키지에서 탈락했지만, 동일한 계획서를 조금 수정해 지자체 지원사업에 제출해 5천만 원을 확보했다.

결국 이 네 단계를 차근차근 밟아 나가는 것이 정부 지원을 활용하

구분	내용			
지원 대상	생태계 조성(저변 확대)	예비 창업	창업 초기	창업 성장
지원 대상	대국민	예비 창업자	3년 이내 기업	3~7년 이내 기업
지원 사업	청소년비즈쿨, 창조경제혁신센터, 메이커스페이스	예비 창업 패키지	초기 창업 패키지	창업 도약 패키지, 민관 공동 창업자 발굴 육성, 글로벌 엑셀러레이팅
지원 내용	창업 교육, 공간 제공 등	시제품 개발, 멘토링 등	사업화 자금 및 후속 지원	판로 개척, 글로벌 진출 등

출처: 창업진흥원 홈페이지 사업 소개 참고

는 가장 현실적이고 효과적인 길이다. 내가 지금 어디에 서 있는지, 어떤 제도가 필요한지, 어떤 데이터를 준비해야 하는지 그리고 어떤 대안을 마련해야 하는지만 분명히 해도 성공 확률은 훨씬 더 높아진다.

정부 지원은 선택이 아니라 소상공인의 생존 전략이다. 망설이고 있다면 답은 이미 정해져 있다. 두드려야 열린다.

소진공·서금원 공공지원 활용 가이드

소상공인시장진흥공단 활용

"자금은 부족하고 경험은 없는데, 어디서부터 시작해야 할까?"

창업을 준비하는 사람이라면 한 번쯤 떠올려봤을 질문이다. 많은 창업자가 이 물음 앞에서 막막함을 느끼고 혼자 고민하다가 결국 포기하기도 한다. 이때 가장 먼저 기억해야 할 이름이 소상공인시장진흥공단(소진공)이다. 소진공은 소상공인을 위해 설립된 국가 공식 지원기관으로, 혼자 뛰는 것이 아니라 옆에서 함께 뛰어주며 방향을 잡아주는 공동 창업자 같은 파트너다.

소진공이 제공하는 가장 강력한 무기는 단연 저금리 정책자금 대출이다. 한 치킨집 창업자가 시중은행에서 6%대 금리로는 대출이 불가능했지만, 소진공을 통해 1억 원을 연 2.5% 금리에 빌렸다. 단순 계산만 해도 5년간 약 1,750만 원의 이자를 절약한 셈이다. 그는 절약한 자금을 매장 인테리어와 마케팅에 재투자했고, 오픈 6개월 만에 월평균 매출 20% 증가라는 성과를 올렸다.

소진공은 단순히 돈만 빌려주는 기관이 아니다. 창업 교육, 세무·회계, 마케팅, 기술 지도까지 다루는 컨설팅 플랫폼이기도 하다. 한 카페 창업자가 매출 정체로 고민하다 소진공의 마케팅 컨설팅을 활용했다. 전문가의 조언을 받아 SNS 홍보 전략을 재정비한 결과 3개월 만에 인스타그램 팔로워가 500명에서 5,000명으로 늘었고, 월 매출은 30% 이상 뛰었다. 단순한 조언이 아니라 실질적 변화로 이어진 것이다.

소진공의 상권정보시스템도 강력한 무기다. 많은 창업자가 감에 의존해 입지를 정했다가 낭패를 본다. 떡볶이 전문점을 준비한 청년 창업자 역시 처음엔 자신이 좋아하는 지역을 선택하려 했지만, 소진공 데이터 분석 결과를 바탕으로 경쟁업체가 적고 20~30대 유동인구가 많은 다른 지역을 택했다. 결과적으로 오픈 6개월 만에 월매출 2,200만 원, 영업이익률 18%를 기록하며 안정적인 흑자를 냈다. 데이터가 곧 생존의 무기가 된 사례다.

마케팅·기술 지원도 빼놓을 수 없다. 한 수제화 공방 창업자가 온라 인 쇼핑몰 구축 비용 500만 원 중 450만 원을 지원받아 자체 판매 채널 을 열었다. 그 결과 오프라인 의존도를 줄이고 온라인 매출 비중이 확 대되면서 전체 매출이 40% 이상 증가했다. 또 다른 목공방은 기술 자 문을 통해 새로운 제작 기법을 익혀 제품 원가를 30% 내렸고, 고객 만 족도도 크게 향상됐다. 필자가 컨설팅했던 청주의 전통 떡집은 소진공 의 디자인·홍보 지원을 활용해 '젊은 층이 찾는 프리미엄 디저트'로 재 포지셔닝에 성공했다. 과거 명절 시즌에만 매출이 집중됐지만, 지금은 연중 꾸준히 매출이 발생하는 구조로 전환됐다.

이처럼 소진공은 단순한 행정기관이 아니라 자금과 컨설팅, 데이터, 마케팅 그리고 기술까지 원스톱으로 지원하는 종합 플랫폼이다. 창업 을 시작하는 소상공인에게 가장 먼저 필요한 건 바로 이런 베이스캠프 다. 필요한 자금을 공급해주고, 실행 단계에서 부딪히는 문제를 함께 해결해주며, 데이터와 전문가 네트워크를 연결해 새로운 기회를 열어 준다.

결국 소진공은 창업자가 긴 여정을 버텨낼 수 있도록 곁에서 끌어주 는 확실한 길잡이이자 사업의 숨은 공동 창업자라고 할 수 있다. 혼자 감으로 싸우지 말고 제도를 제대로 활용해 당신의 창업을 한 단계 끌어 올리자.

지원 분야	주요 내용	지원 목적 / 기대 효과
기업가형 소상공인 육성	• 투자 유치 연계형 스케일업 지원(VC 매칭, 브랜드화 등) • 성장형 창업기업 대상 맞춤형 사업화 지원	혁신형 소상공인의 성장·투자 기반 마련, 창업 초기 기업의 지속 가능한 확장 촉진
소상공인 성장 지원	• 컨설팅, 교육, 경영 진단, 사업화 자금 연계 • 세무·회계·마케팅 등 종합 경영 지원	경영 안정화 및 매출 증대, 사업 경쟁력 강화
소공인 특화 지원	• 제조업 기반 소공인 대상 스마트제조·공정 혁신 지원 • 시제품 제작·판로 확대 등 기술형 맞춤 지원	생산 효율 향상 및 제조 경쟁력 강화, 기술·품질 기반 성장 촉진
지역 상권 활성화	• 골목상권 및 로컬 브랜드 육성 • 협업/컨소시엄 기반 공동 마케팅, 지역 축제 연계 판촉	지역 경제 순환 강화, 상권 활력 제고 및 공동 성장 모델 구축
디지털 역량 강화	• 온라인 판로 구축(스마트상점, e커머스 진출) • 플랫폼 대응·디지털 전환 교육·AI 마케팅 지원	오프라인 중심 자영업자의 디지털 전환 촉진, 매출 다각화 및 신시장 개척

출처: 중소벤처기업부 소관 소상공인 지원사업 통합공고(2025년 기준) 참고

서민금융진흥원 활용

"아이템은 있는데 은행 대출은 담보가 없어 거절당하고, 신용등급도 낮아 자금줄이 막히니 도대체 어디서 시작해야 할까?"

많은 창업자와 예비 창업자가 실제로 부딪히는 현실이다. 그러나 바로 이때 기억해야 할 기관이 있다. 서민금융진흥원(서금원)이다. 서금원은 금융 사각지대에 놓인 소상공인과 자영업자에게 길을 열어주는 국가 차원의 금융 안전망이자 위기를 기회로 바꿀 수 있는 재도전 플랫폼

이다.

서금원이 제공하는 대표 무기는 정책성 서민금융 상품이다. 햇살론, 미소금융, 새희망홀씨 같은 상품을 통해 담보나 높은 신용등급이 없어도 창업 및 운영자금을 지원받을 수 있다. 은행 대출이 잇달아 거절된 한 햄버거 가게 창업자가 서금원의 '햇살론 창업자금'으로 5천만 원(연 4.3%)을 확보했다. 신용보증재단 연계 덕분에 담보도 필요 없었다. 이 자금으로 점포 임대료와 장비를 마련해 안정적으로 개업했고, 현재는 월 1,800만 원 매출로 안정 궤도에 올랐다.

위기 극복 사례도 있다. 코로나19 시기 한 분식집 창업자는 매출이 반 토막 나며 폐업 위기에 몰렸다. 하지만 서금원의 재기지원 프로그램을 통해 2천만 원 긴급 운영자금을 지원받았고, 동시에 채무조정 제도를 활용해 기존 대출 상환 부담을 줄였다. 덕분에 가게는 문을 닫지 않고 버텼고, 1년 뒤 다시 지역 맛집으로 자리 잡을 수 있었다. 단순한 자금 지원이 아니라 무너진 일상을 다시 세울 수 있는 발판이 된 것이다.

특히 놓치지 말아야 할 제도가 바로 노란우산공제다. 서금원과 협력해 운영되는 이 제도는 소상공인이 매달 일정 금액을 적립하면 폐업이나 은퇴 시 목돈을 받을 수 있는 퇴직금 성격의 제도다. 한 전통 떡집 사장님은 월 20만 원씩 10년간 불입해 총 2,400만 원을 모았다. 여기에 복리이자와 세제 혜택까지 더해 은퇴 자금을 안정적으로 마련했고, 어려운 시기에는 담보대출 기능을 활용해 운영자금을 이어 갈 수 있었다.

서금원의 장점은 무엇보다 맞춤형 종합 지원 체계이다. 창업 전에는 햇살론과 미소금융 같은 창업자금을, 운영 중에는 긴급 운영자금과 신용보증 연계를, 실패 후에는 재창업 컨설팅과 채무조정을, 장기적으로는 노란우산공제를 통해 생활 안정을 도모할 수 있다. 즉 창업의 출발부터 위기 극복 그리고 미래 준비까지 이어지는 풀코스 지원 체계를 갖추고 있다.

이 제도를 활용하는 절차도 생각보다 어렵지 않다. 무엇보다 먼저해야 할 일은 자신의 신용 상태를 확인하는 것이다. 금융상담센터를 방문하거나 서금원 온라인 플랫폼에 접속하면 본인의 신용등급과 함께 어떤 상품을 신청할 수 있는지 쉽게 확인할 수 있다. 다음 단계는 사업계획서를 준비하는 것이다. 복잡한 문서가 아니라 자금 사용처와 매출 예상 정도를 담은 간단한 계획서만 있어도 충분하다. 이렇게 준비한 자료는 상담사와의 상담에서 중요한 근거가 된다.

이후에는 상품 매칭과 승인 과정이 이어진다. 상담사와 함께 현재 상황에 가장 적합한 금융 상품을 골라 신청하면 서류 검토를 거쳐 승인이 진행된다. 승인이 떨어지면 곧바로 자금이 집행되는데, 이때 중요한 것은 집행된 자금을 정해진 용도에 맞게 기록하고 관리하는 것이다. 이렇게 관리한 기록은 추후 추가 지원을 받을 때나 재창업을 준비할 때 신뢰할 만한 증빙 자료로 활용된다. 마지막으로, 가능하다면 노란우산공제에 가입해 장기적인 안전망을 마련하는 것도 좋은 전략이다. 현재의 사업 운영과 동시에 미래의 생활 안정까지 준비할 수 있기 때문이다.

결국 서민금융진흥원은 생존과 재기를 돕는 최후의 안전망이다. 소상공인시장진흥공단이 창업의 성장 파트너라면, 서민금융진흥원은 위기를 견디고 다시 일어서는 재기의 파트너다. 신용과 담보가 부족하다고 포기할 필요는 없다. 서금원이 곁에 있다는 사실 하나만으로도 창업 여정은 훨씬 더 단단해진다.

지자체 특화 지원 프로그램 활용하기

중앙정부 지원 사업이 누구에게나 열려 있는 넓은 고속도로라면, 지자체 특화 지원 프로그램은 특정 업종과 지역에 맞춘 지름길이다. 하지만 현장에서 보면 많은 창업자가 중앙정부 지원은 익숙하게 알면서도 정작 지자체 지원은 잘 몰라 기회를 놓치는 경우가 많다. 그러나 사업 아이템과 지역 전략이 제대로 맞아떨어지면 지자체 프로그램은 중앙정부 지원보다 더 강력한 효과를 발휘한다.

한 예를 들어보자. 서울시 청년창업 1000 프로젝트는 만 18~39세 청년에게 최대 1억 원의 자금과 3년간 사무 공간 및 멘토링을 지원한다. 실제로 필자가 만난 한 20대 창업자는 자금이 부족해 창고형 카페를 준비하던 상황이었는데, 이 제도를 통해 깔끔한 매장을 열 수 있었다. 더 중요한 성과는 같은 공간에 입주한 다른 창업자들과 협업 프로젝트를 시작하며 매출원이 다변화됐다는 점이었다. 혼자였다면 불가능했을 시도가 네트워크 효과 덕분에 가능해진 것이다.

부산 스타트업 파크는 해양 산업 창업을 집중 지원한다. 필자가 지도했던 한 물류 솔루션 스타트업은 이곳에서 1억 원의 자금과 부산항 연계 테스트베드를 활용해 물류 관리 시스템을 고도화했다. 그 결과 대형 해운사와의 계약을 성사시켰고, 단숨에 신뢰도를 확보할 수 있었다. 단순히 돈을 받은 것이 아니라 지역 산업 자원과 연결된 덕분에 시장 진입 장벽을 크게 낮춘 사례다.

대구 창조경제혁신센터는 의료·헬스케어 창업에 집중한다. 원격진료 플랫폼을 개발하던 한 스타트업은 지역 대학병원과 협력해 초기 실증 테스트를 빠르게 진행했다. 이 과정에서 투자자에게 "이미 병원과 협력 중"이라는 강력한 메시지를 전할 수 있었고, 이는 자금 유치로 이어졌다. 단순한 파일럿을 넘어 사업 신뢰성을 증명하는 무기가 된 셈이다.

광주 AI 집적단지에서는 고가의 GPU 서버와 장비를 저렴하게 활용할 수 있다. 영상 분석 솔루션을 개발하던 한 스타트업은 이 지원 덕분에 계획보다 6개월 빨리 시제품을 완성했고, 후속 투자 라운드에서 유리한 조건으로 자금을 유치했다.

경기스타트업캠퍼스는 업종 제한 없이 다양한 창업자가 모이는 허브다. 필자가 멘토링했던 한 식품 창업자는 이곳에서 IT 스타트업 대표를 만나 '푸드테크 플랫폼'을 공동 개발했고, 서로 다른 분야의 창업자가 협업해 새로운 시장 기회를 창출했다.

제주도의 클린 제주 창업 지원 프로그램은 지역 자원 기반 창업의 대표 사례다. 친환경 화장품을 준비하던 한 창업자는 '제주산 원료'라는 브랜드 가치를 내세워 홍보 효과를 얻었다. 그 결과 해외 수출까지 성사되었고, 지역 자원이 곧 글로벌 경쟁력으로 이어진 경우다.

지자체 지원은 단순한 행정 혜택이 아니다. 지역 산업과 소상공인의 아이템이 연결될 때 진짜 성과가 나온다. 다만 대부분은 해당 지역에 사업자 등록을 하거나 대표자가 거주해야 하는 조건이 붙는다. 이는 단순한 서류 요건이 아니라 "지역과 함께 성장할 파트너를 찾는다"라는 의미다. 따라서 지원 신청 시 자신의 아이템이 지역 전략과 얼마나 맞는지를 분명히 보여주는 것이 중요하다.

마지막으로, 지자체 지원을 제대로 활용하려면 현장 발품이 필요하다. 홈페이지 공고 확인은 기본이고, 사업 설명회나 네트워킹 행사에 직접 참여해야 한다. 실제로 한 예비 창업자는 설명회 현장에서 담당자와 대화를 나누다 공고문에는 없던 연계 투자 프로그램을 소개받아 예상치 못한 기회를 잡았다. 책상 위 정보만으로는 절대 얻을 수 없는 현장형 기회였다.

지자체 특화 지원은 숨겨진 보물창고다. 당신이 조금만 더 관심을 기울이고 현장에 발을 들이면 중앙정부 지원 못지않은, 때로는 그보다 더 유리한 기회를 잡을 수 있다. 핵심은 지역과 아이템이 만나는 교차점을 찾는 것이다. 그 지점을 연결하는 순간 당신의 사업은 생존을 넘어 지역과 함께 성장하는 새로운 국면으로 들어서게 된다.

정책자금 대출:
언제, 어디서, 얼마나 받을 수 있나

창업을 준비하거나 막 시작한 창업자라면 누구나 자금이라는 큰 벽을 마주하게 된다. 임대료, 인테리어 비용, 첫 발주 비용까지 한꺼번에 몰려오면 손에 쥔 자금은 턱없이 부족하다. 이 시기를 흔히 '죽음의 계곡(Death Valley)'이라 부른다. 실제로 많은 창업자가 이 구간을 넘지 못해 주저앉는다. 그러나 바로 이때 정부가 내미는 든든한 줄이 있다. 그것이 바로 정책자금 대출이다.

정책자금은 단순한 빚이 아니다. 시중은행보다 금리가 2~4% 낮고, 중도상환수수료도 없는 경우가 많다. 말 그대로 정부가 창업자의 잠재력에 투자하는 성격이 강하다. 창업 초기에 꼭 필요한 산소통 같은 역할을 하며, 현금흐름이 불안정한 시기에 숨통을 틔워주는 생명줄이 된다.

가장 기본이 되는 창구는 소상공인시장진흥공단(소진공)이다. 창업 초기라면 '창업자금'을 신청할 수 있다. 한 분식집을 연 창업자는 소진공을 통해 8천만 원을 연 2.5% 금리, 7년 상환 조건으로 대출받았다. 만약 은행에서 같은 금액을 빌렸다면 매달 20만 원 이상을 더 부담해야 했을 것이다. 그는 절약한 금액을 메뉴 개발과 온라인 홍보에 재투자했고, 첫해에 흑자로 전환할 수 있었다. 작은 차이가 창업자에게는 생존을 가르는 힘이 된 것이다.

창업 후 1년 이상 운영 중이라면 '운전자금'을 활용할 수 있다. 원재료비, 인건비, 임대료 같은 운영비를 지원한다. 한 빵집 대표는 운전자금을 지원받아 원재료를 대량 구매해 단가를 낮췄다. 대표는 평상시에 회계 장부를 꼼꼼히 작성하며 매출과 비용 구조를 관리했기 때문에 심사에서 높은 평가를 받았고, 안정적인 현금흐름을 확보해 경쟁력을 강화했다.

규모 확대를 원한다면 '시설개선자금'이 도움이 된다. 한 카페 사장은 소진공 자금 5천만 원을 지원받아 매장을 리뉴얼했다. 인테리어와 동선을 개선하자 고객 체류 시간이 늘고 음료 추가 주문이 자연스럽게 이어졌다. 매출은 30% 가까이 증가했고, 투자금은 1년 만에 회수됐다. 이처럼 정책자금은 성장의 가속 페달이 된다.

더 큰 자금이 필요하다면 신용보증기금(신보)과 기술보증기금(기보)을 고려해야 한다. 신보는 보증서를 발급해 은행에서 최대 3억 원까지 대출받을 수 있게 한다. 한 식자재 유통업체 대표는 신보 보증을 활용해 물류 차량을 확충했고, 거래처 확대에 성공했다. 기보는 기술력이 강한 기업에 유리하다. 한 IoT 스타트업은 기보 보증으로 3억 원을 확보해 시제품 개발과 양산에 들어갔다. 덕분에 초기 시장을 선점하며 지금은 업계 선도 기업으로 자리 잡았다.

각 지자체의 신용보증재단도 '우리 동네 창업가'를 위한 안전망 역할을 한다. 서울신용보증재단, 경기신용보증재단 같은 기관은 중앙정부 제도와 별도로 소규모 자금을 지원한다. 한 미용실 대표는 재단 보증으로 소규모 대출을 받아 노후 장비를 교체했고, 그 결과 고객 만족도가 올라 재방문율이 크게 향상됐다.

씨앗 뿌리기: 실패율 제로에 도전하는 창업 준비

<정책자금 유형별 지원 조건 및 범위>

구분	주요 내용	대출 조건 / 지원 범위
소상공인시장진흥공단 창업자금	창업 초기 시설·운영자금 지원	금리 2.0~3.0%, 최대 7년 상환, 중도상환수수료 없음
소상공인시장진흥공단 운전자금	재료비, 인건비, 임대료 등 운영비 지원	운영 중 기업 대상, 필요 경비 중심, 금리 우대
소상공인시장진흥공단 시설개선자금	인테리어·장비·시설 리뉴얼 자금	최대 5천만 원, 금리 2~3%, 장기 상환
신용보증기금 보증대출	기업 신용 기반 대출 보증	업종, 지역, 사업 현황, 신용도에 따라 지원
기술보증기금 보증대출	기술력 있는 기업 대상 보증	기술력과 성장 가능성의 평가에 따라 지원
지자체 신용보증재단 자금	지역 소상공인·영세기업 대상 보증	소규모 자금(수백만~수천만 원), 보증 비율 높음

출처: 중소벤처기업부 소관 소상공인 정책자금 융자계획(2025년 기준) 참고

정책자금을 제대로 활용하려면 몇 가지 실전 원칙을 반드시 기억해야 한다.

첫째, 조건을 꼼꼼히 확인해야 한다. 정책자금은 업종, 매출, 신용등급에 따라 자격 요건이 다르다. 예를 들어 일부 자금은 제조업에는 열려 있지만 서비스업에는 제한이 있을 수 있다. 따라서 무작정 신청하기보다 내 사업 상황에 맞는 제도를 선별하는 것이 중요하다.

둘째, 증빙 자료를 철저히 준비해야 한다. 사업계획서와 재무제표는 단순히 서류 제출용이 아니다. 내가 가진 비전과 성실함을 보여주는

무기이자 심사위원을 설득하는 가장 강력한 근거다. 실제로 같은 아이템이라도 자료 준비 수준에 따라 합격과 탈락이 갈린다.

셋째, 시기를 절대 놓치지 말아야 한다. 정책자금은 국가 예산으로 운영되기 때문에 보통 연초에 공고가 시작되고, 수개월 안에 소진되는 경우가 많다. 늦게 움직이면 문이 닫혀버린다. 필자가 만난 한 카페 창업자는 늦게 신청했다가 예산이 이미 마감돼 기회를 잃었고, 그 차이가 결국 1년 이상 개업을 미루는 결과로 이어졌다.

정책자금은 단순한 대출이 아니다. 국가가 당신의 가능성에 투자하는 파트너십이다. 수많은 사례가 증명하듯 이 제도를 전략적으로 활용한 창업자는 그렇지 않은 창업자보다 훨씬 안정적으로 출발하고 더 빠르게 성장한다.

중요한 것은 조건을 확인하고, 자료를 준비하면서 타이밍을 놓치지 않는 것이다. 준비된 창업자라면 반드시 잡아야 할 기회, 그것이 바로 정책자금 대출이다.

바우처 사업으로 컨설팅 무료로 받기

창업은 항해하는 것과 같다. 어디로 가야 순항하고, 어디에 암초가 숨어 있는지 한눈에 알기 어렵다. 이럴 때 필요한 것이 바로 경험 많은 항해사의 조언이다. 그러나 현실은 녹록지 않다. 전문가 컨설팅을 받으려면 수백만 원이 들고, 이제 막 출발한 창업자에게 그 금액은 큰 부담이다. 그래서 많은 창업자가 "필요한 건 알지만 지금은 여력이 없다"라며 발길을 돌린다.

이때 활용할 수 있는 제도가 바로 바우처(Voucher) 사업이다. 정부가 컨설팅 비용의 80~90%를 부담해주기 때문에 실제 창업자가 내는 금액은 10~20%에 불과하다.

예를 들어 300만 원 규모의 컨설팅을 받는다면 실제 부담은 30만 원 안팎이다. 평소 비용 때문에 주저하던 창업자에게 전문가의 지혜를 가장 저렴하게 얻을 수 있는 절호의 기회다.

실제로 한 한식당 창업자는 소상공인시장진흥공단의 컨설팅 지원사업을 통해 단 30만 원만 부담하고 300만 원 규모의 컨설팅을 받았다. 전문가와 함께 메뉴 개편과 SNS 홍보 전략을 새롭게 설계한 결과 두 달 만에 신규 고객이 꾸준히 늘었고, 매출도 전월 대비 25% 증가했다. 그는 "투자 대비 효과가 이렇게 클 줄 몰랐다"라며 지금도 그때의 선택을 최고의 결정으로 꼽는다.

창업 7년 이내 기업이라면 창업진흥원의 창업기업 지원서비스 바우처를 적극 검토해야 한다. 한 패션 스타트업은 이 제도를 통해 브랜딩과 온라인 마케팅을 지원받고 불과 1년 만에 매출이 2배 성장했는데, 핵심은 온라인몰을 리뉴얼하고 SNS 광고를 체계적으로 운영한 것이었다. 단순히 광고를 집행한 것이 아니라 고객 경험을 기반으로 한 전략이 사업의 전환점을 만든 것이다.

규모가 커진 중소기업에게는 중소벤처기업부의 중소기업 컨설팅 지원사업이 있다. 최대 1,000만 원까지 지원되는데, 필자가 함께한 한 제조업체는 이 자금을 활용해 생산성 향상 컨설팅을 받았다. 외부 전문가가 공정을 분석해 불필요한 단계를 줄였고, 그 결과 불량률은 20% 줄고 원가도 15% 절감됐다. 비용 절감뿐만 아니라 직원들의 작업 효율까지 개선되어 경영 안정에 직접적인 도움을 주었다.

성과는 수치로도 입증된다. 바우처 사업을 활용한 기업의 평균 매출 증가율은 약 25%에 달한다. 특히 마케팅 관련 컨설팅을 받은 기업들의 효과가 두드러졌다. 예컨대 한 제과점은 수년간 매출이 정체돼 있었지만, 바우처 컨설팅을 통해 브랜드 디자인을 리뉴얼하고 SNS 채널을 운영하기 시작했다. 불과 1년 만에 매출이 40% 증가하며 제2의 전성기를 맞았다.

다만 바우처 사업을 제대로 활용하려면 몇 가지 지혜가 필요하다. 먼저 전문가 선택이 절반이다. 정부가 인증한 컨설팅 업체 중에서도 자신의 업종과 상황에 맞는 파트너를 고르는 게 중요하다.

또한 목표는 구체적이어야 한다. "마케팅이 필요하다"가 아니라 "온라인몰을 새로 열고 20대 고객을 확보하고 싶다"처럼 명확할수록 성과가 크다. 아울러 실행이 반드시 뒤따라야 한다. 아무리 훌륭한 전략이라도 실행하지 않으면 종이 위 계획에 불과하다. 실제 적용이 성공의 열쇠다.

바우처 사업은 창업자가 비용을 덜 들이고도 전문가의 지혜를 효과적으로 만날 수 있는 가장 확실한 통로다. 비용이라는 높은 파도 앞에서 주저하지 말고 바우처 제도를 활용하면 다시 노를 저어 앞으로 나아갈 수 있다.

결국 바우처 사업은 단순한 지원이 아니라 배를 목적지까지 안전하게 이끌어줄 항해사와 연결해주는 제도다. 이 기회를 잡는다면 당신의 사업 여정은 훨씬 더 안정적이고 빠르게 성장할 수 있다.

Chapter 05

합격하는 사업계획서는 따로 있다

"사업계획서만 잘 써도 창업의 절반은 성공이다."

이 말은 단순한 격언이 아니다. 필자가 지난 17년 동안 수많은 창업 현장에서 직접 확인한 사실이다. 같은 아이디어라도 어떤 창업자는 치밀한 사업계획서를 통해 투자와 지원을 끌어내며 큰 나무로 자라났고, 어떤 창업자는 대충 작성한 계획서 때문에 싹도 틔우지 못한 채 사라졌다.

문제는 많은 예비 창업자가 사업계획서를 가볍게 여긴다는 점이다. "아이템만 좋으면 되지 서류는 형식일 뿐"이라는 생각을 하기 쉽다. 하지만 실제로 필자가 정부 지원 사업 심사위원으로 여러 번 참여해본 경험은 정반대를 말해준다. 번뜩이는 아이디어를 가진 팀이라도 사업계획서가 허술하면 탈락하는 경우가 많았다. 반대로 특별해 보이지 않는 아이템이라도 사업계획서가 논리적이고 설득력 있게 구성되면 높은 평가를 받았다.

실제로 필자가 만난 한 청년 창업자는 카페를 준비하면서 처음에는 두 장짜리 간단한 사업계획서만 제출하려 했다. 하지만 매출 예측, 고객 분석, 운영 전략을 꼼꼼히 작성해 함께 제출했더니 예비창업패키지 심사에서 높은 점수를 받고 지원금을 확보할 수 있었다. 반면 같은 시기에 만난 다른 창업자는 "내 요리 실력이 곧 사업계획서"라며 형식적인 문서만 제출했고 결국 탈락했다. 결과는 명확했다.

사업계획서는 단순히 서류를 채우는 형식물이 아니다. 머릿속에 흩어진 아이디어를 현실로 끌어내는 설계도이자 험난한 시장을 항해할 전략 지도다. 투자자, 심사위원, 은행 담당자가 가장 먼저 보는 것도 이 문서다. 잘 다듬어진 사업계획서는 자금을 끌어오는 열쇠가 되지만, 허술한 사업계획서는 아무리 좋은 아이디어라도 빛을 잃게 만든다.

결국 모든 기회의 문은 첫인상에서 열린다. 그 첫인상은 바로 사업계획서다. 당신이 어떤 아이디어를 가졌든 그것을 어떻게 설계하고 보여주느냐에 따라 길이 달라진다. 창업자에게 필요한 건 아이디어를 '계획'으로, 그리고 계획을 '설득력'으로 바꿔내는 힘이다.

심사위원이 주목하는 사업계획서의 핵심 요소

사업계획서를 수십 수백 건 검토하는 심사위원 입장에서 보면 어떤 계획서는 그냥 형식적으로만 보이지만, 어떤 계획서는 단번에 눈길을 끌어버린다. 이 차이는 단순한 운이 아니라 평가 기준을 제대로 알고 준비했는지에 달려 있다. 실제 창업진흥원의 내부 자료를 보면 심사위원은 다섯 가지 항목, 즉 참신성(20%), 시장성 분석(25%), 경쟁력 및 차별화(20%), 수익성 및 사업성(25%), 실행 가능성(10%)을 중심으로 본다. 결국 심사위원은 다섯 가지 질문에 대해 당신이 얼마나 구체적이고 설득력 있게 답했는지를 평가하는 것이다.

첫 번째 질문은 "이 아이디어가 얼마나 새로운가?"이다. 여기서 말하는 참신성은 세상에 없던 발명품을 의미하지 않는다. 기존 문제를 어떻게 새롭게 풀어내느냐가 핵심이다. 예를 들어 필자가 지도했던 한 분식집 창업자는 "메뉴가 너무 흔하다"라는 피드백을 받았다. 하지만 그는 '퇴근길 10분 안에 포장 완료'라는 콘셉트를 제안했다. 메뉴 자체는 평범했지만, '속도'라는 차별화를 만들어낸 것이다. 심사위원은 이 부분을 참신성으로 인정했고, 그는 결국 지원금을 받을 수 있었다.

두 번째 질문은 "이 시장은 얼마나 매력적인가?"이다. 아이디어가 아무리 참신해도 시장이 없다면 의미가 없다. 실제로 반려동물 용품 스타트업 한 곳은 단순히 "반려동물 시장이 커지고 있다"라고 말하는 대신 "국내 반려동물 시장은 연평균 15% 성장해 2027년 6조 원 규모에 이를 전망이다(통계청·한국펫푸드협회)"라는 근거를 제시했다. 이렇게 수치와 출처가 뒷받침되자 심사위원은 "실제로 성장 가능성이 크다"라며 긍정적으로 평가했다.

세 번째 질문은 "수많은 경쟁자 속에서 당신만의 무기는 무엇인가?" 이다. 심사위원은 "경쟁자가 없다"라는 말을 오히려 위험하게 본다. 시장 분석이 부족하다는 뜻이기 때문이다. 중요한 것은 경쟁이 치열한 시장에서 창업자가 가진 독자적인 무기를 보여주는 것이다. 예를 들어 한 유기농 레스토랑 창업자는 "아버지가 30년간 운영한 직영 농장에서 식재료를 공급받는다"라는 점을 강조했다. 이는 누구도 쉽게 따라 할 수 없는 차별화 요소였고, 심사위원에게 강한 인상을 남겼다.

네 번째 질문은 "그래서 어떻게 돈을 벌 것인가?"이다. 결국 사업은 수익 구조가 뒷받침되지 않으면 지속할 수 없다. 필자가 멘토링했던 한 IT 스타트업은 초기에는 손익분기점에 대해 답하지 못했지만, 이후 매출 추정치와 비용 구조를 구체적으로 정리해 "창업 14개월 차 BEP 돌파"라는 계획을 제시했다. 단순히 돈을 벌겠다가 아니라 '언제, 어떻게 흑자로 전환할 것인지'를 명확히 보여주자 심사위원은 실행 가능성이 높다고 평가했고, 실제로 선정까지 이어졌다.

다섯 번째 질문은 "이 모든 계획을 누가 실행할 것인가?"이다. 아무리 좋은 아이디어라도 실행력이 없다면 공허하다. 필자가 만난 한 요리학원 창업자는 본인의 17년 경력, 자격증, 팀원의 전문성을 사업계획서에 상세히 기록했다. 심사위원은 이 팀이 단순히 아이디어만 이야기하는 것이 아니라 실제 경험과 역량으로 실행할 수 있다고 판단해 높은 점수를 줬다.

결국 사업계획서에서 중요한 것은 화려한 말이 아니라 증거다. "우리 제품은 최고다"라는 말보다 "자체 테스트 결과 기존 제품 대비 에너지 효율이 30% 개선되었다"라는 데이터가 훨씬 강력하다. 필자가 현장에서 본 바로는 이렇게 구체적인 근거와 실전 사례가 담긴 사업계획서는 예외 없이 합격 라인에 올랐다.

따라서 창업자가 준비해야 할 사업계획서는 제출용 문서가 아니다. 아이디어가 실제 시장에서 살아남을 수 있음을 증명하는 설계도다. 이 설계도를 얼마나 철저하게 준비했느냐에 따라 심사위원의 마음이 움직이고, 지원금과 투자 같은 기회의 문이 열린다. 결국 사업계획서는 단순한 서류가 아니라 미래를 설득하는 무기이며, 창업자의 가능성을 현실로 연결하는 첫 번째 관문이다.

<심사위원이 주목하는 5가지 평가 항목>

평가 항목	주요 내용	비중(%)
참신성 (Originality)	아이디어의 독창성, 기존 문제 해결 방식의 차별성	20 %
시장성 (Market Potential)	목표 시장의 규모·성장성·데이터 기반 수요 분석	25 %
경쟁력 및 차별화 (Competitiveness & Differentiation)	경쟁사 대비 우위 요소·차별화 전략·독자적 경쟁력	20 %
수익성 및 사업성 (Profitability & Feasibility)	매출·비용 구조, 사업 지속가능성, 손익분기점(BEP) 달성 계획	25 %
실행 가능성 (Feasibility of Execution)	창업자 역량·팀 전문성·실행 경험 및 자원	10 %

출처: 창업진흥원·중소벤처기업부·소상공인시장진흥공단(2025) 사업계획서평가기준 참고

시장 분석과 경쟁력 분석 작성법

창업 아이디어라는 씨앗을 뿌리기 전에 반드시 확인해야 할 것이 있다. 바로 시장 분석과 경쟁력 분석이다. 현장에서 많은 창업자를 만나보면 이 부분을 대충 자료 몇 장 붙이는 수준으로만 생각하는 경우가 많다. 그런데 실제 성패는 여기서 갈린다. 아이디어만 멋지게 적어놓는 것과 그 아이디어가 실제 시장에서 어떻게 자리 잡을 수 있는지를 데이터와 논리로 설득하는 것 사이에는 큰 차이가 있다. 심사위원과 투자자는 늘 후자에 더 높은 점수를 준다.

한 외식업 창업자는 처음에 "강남역에 사람이 많으니 매장을 열겠다"라는 계획만 갖고 있었다. 하지만 그건 설득력이 떨어졌다. 필자와 함께 'TAM-SAM-SOM' 프레임워크를 적용해 시장을 단계적으로 나눠보니 상황이 달라졌다. 전체 외식업 시장을 TAM으로, 강남역 상권의 한식 시장을 SAM으로, 그리고 반경 1km 내 점심 고객층을 SOM으로 좁히자 목표 매출이 구체적으로 드러났다. 사업계획서가 단순한 추정이 아니라 데이터 기반의 설득 문서로 바뀐 순간이었다. 그 덕분에 예비창업패키지 평가에서 높은 점수를 받아 자금을 확보할 수 있었다.

고객 정의도 마찬가지다. 한 반려동물 호텔 창업자는 처음엔 '반려동물 키우는 모든 사람'을 고객으로 삼겠다고 했다. 하지만 그렇게 넓게 잡으면 메시지가 흐려진다. 그래서 고객을 '월 소득 700만 원 이상, 30~40대 맞벌이 부부, 자녀 대신 반려견을 가족처럼 여기는 층'으로 좁했다. 이렇게 구체화하자 마케팅 메시지가 훨씬 선명해졌고, '우리 아이처럼 돌봐주는 프리미엄 호텔'이라는 콘셉트가 탄생했다. 심사위원은 바로 이런 점을 차별화로 인정해 높은 점수를 준 것이다.

경쟁력 분석도 단순히 "주변에 경쟁자가 몇 명 있다"를 확인하는 수준으로 끝나면 안 된다. 디저트 카페를 준비하던 한 창업자는 주변에 20개 넘는 카페가 있다는 사실에 좌절했다. 그런데 필자와 함께 4P 분석을 해보니 경쟁 카페들은 제품과 분위기는 다양했지만 배달 채널이 약하다는 사실이 드러났다. 그 지점을 공략해 '디저트 배달 특화 카페'라는 전략을 세웠고, 실제로 초기 고객 확보에 성공했다. 심사위원은 치열한 경쟁 속에서도 틈새를 정확히 잡았다는 점을 높게 평가했다.

마지막으로, 자기 성찰을 위한 방법으로 SWOT 분석을 빼놓을 수 없다. 수제 초콜릿 공방을 운영하던 한 대표는 자신의 강점으로 파티시에 자격증과 해외 연수 경험을, 약점으로 낮은 브랜드 인지도를, 기회로 프리미엄 디저트 시장의 성장을, 위협으로 대형 브랜드 진입을 정리했다. 이 과정을 통해 그는 '대량생산 대신 맞춤형 프리미엄 초콜릿'이라는 전략을 도출했고, 실제로 이 차별화가 투자자와 바이어를 설득하는 강력한 무기가 되었다. SWOT은 형식적인 표가 아니라 내 사업을 객관적으로 돌아보고 외부인을 설득하는 논리의 뼈대가 된다.

필자가 늘 강조하는 건 하나다. 시장 분석과 경쟁력 분석은 형식이 아니라 무기라는 점이다. TAM-SAM-SOM으로 시장을 쪼개고, 고객을 좁혀 메시지를 선명하게 만들며, 경쟁 분석으로 틈새를 찾고, SWOT으로 전략을 다듬은 사업계획서는 이미 합격 문턱을 반쯤 넘은 것이나 다름없다.

창업은 시장과 경쟁 속에서 살아남는 싸움이다. 그 싸움에서 무기가 되는 것은 화려한 아이디어가 아니라 구체적인 숫자와 냉정한 분석이다. 데이터를 근거로 한 시장 분석과 차별화 전략이 담긴 사업계획서만이 심사위원의 마음을 움직이고 당신의 아이디어를 현실로 끌어올릴 수 있다.

수익성 분석과 재무 계획 수립 실전 가이드

"아이디어는 좋은데 숫자가 허술하다."

현장에서 창업자들을 만나면서 많이 하는 이야기다. 아무리 멋진 아이디어와 그럴듯한 마케팅 전략이라도 그 뒤에 구체적인 숫자가 받쳐주지 않으면 심사위원이나 투자자는 쉽게 마음을 열지 않는다. 왜냐하면 사업이라는 몸에 피를 돌려주는 심장이 바로 재무 계획이기 때문이다. 이 심장이 뛰지 않으면 아무리 근사한 아이디어라도 살아 움직일 수 없다.

먼저 손익 계획부터 세워야 한다. 많은 창업자가 "한 달에 이 정도는 팔리지 않을까?"라는 막연한 추정으로만 매출을 계산한다. 하지만 그건 기대일 뿐이고, 설득력이 없다. 필자가 도왔던 한 카페 창업자는 처음에 '하루 100명, 평균 5천 원이면 월 1,500만 원'이라고 단순 계산을

했다. 그런데 좌석 수, 회전율, 객단가, 영업일수를 곱하는 공식으로 다시 추정해 보니 실제 예상 매출은 월 1,200만 원 정도가 현실적 수치였다. 여기에 임대료, 인건비, 재료비를 반영해 손익분기점(BEP)을 계산했더니 최소 월 900만 원 매출은 넘어야 한다는 결론이 나왔다. 심사위원은 이 과정을 보면서 "이 창업자는 시장을 감이 아니라 숫자로 이해하고 있다"라며 높게 평가했다. 즉 손익 계획은 목표 매출을 적는 것이 아니라 사업의 체력을 증명하는 계산식이다.

그다음은 자금 계획이다. 총 얼마가 필요하고, 그 돈을 어디서 조달할 것인지가 명확해야 한다. "대출받고 투자받겠다"라는 식으로 뭉뚱그리면 설득력이 없다. 예를 들어 한 패션 스타트업은 초기에 "자금은 외부에서 마련하겠다"라는 모호한 답변만 했다가 낮은 점수를 받았다. 하지만 이후 계획을 수정해 총 2억 원 자금을 자기자본 5천만 원(25%), 정부지원금 1억 원(50%), 은행 대출 5천만 원(25%)으로 구체화했다. 자기자본 5천만 원(25%)는 창업자의 책임감을 보여줬고, 정부지원금 활용은 전략적으로 보였다. 결과적으로 "재무 구조가 균형 잡혀 있다"라는 긍정적인 평가를 받아 좋은 점수를 얻을 수 있다.

또 하나 중요한 것이 현금흐름 계획이다. 장부상 이익이 나더라도 통장에 돈이 없어서 무너지는 경우를 흔히 '흑자도산'이라고 부른다. 실제로 필자가 컨설팅했던 한 아이스크림 가게도 여름철에는 매출이 폭발했지만, 겨울철에는 고정비도 감당하지 못해 어려움을 겪었다. 그래서 "여름 매출의 일정 비율을 겨울 운영비로 적립하자"라는 전략을 세우고 월별 현금흐름표에 반영했다. 이 단순한 계획 덕분에 계절적 변동에도 불구하고 연중 안정적인 운영이 가능해졌다. 현금흐름 계획은 단순히 숫자 나열이 아니라 위기와 계절 변화를 대비한 안전장치다.

여기에 한 단계 더 준비한다면 민감도 분석을 권하고 싶다. 매출이 10% 줄면 어떻게 대응할 것인지, 20% 줄면 어떤 조치를 취할 것인지 시나리오를 미리 적어둔다. 필자가 멘토링한 한 온라인 쇼핑몰 창업자는 매출 20% 감소 상황을 가정해 광고비를 줄이고 물류 효율화를 통해 손익을 맞추는 전략을 세웠다. 이 내용을 사업계획서에 넣자 심사위원은 "위기 상황까지 준비한 창업자"라며 긍정적으로 평가했고, 실제로

<재무 계획 4대 핵심 요소>

구분	핵심 질문	주요 내용
손익 계획	얼마나 벌고, 얼마나 쓰고, 그래서 얼마가 남는가?	매출 추정: (좌석 수 × 회전율 × 객단가) × 영업일수
		비용 산출: 임대료, 인건비(고정비) + 재료비(변동비)
		손익분기점(BEP): 고정비 ÷ (1 - 변동비율)
자금 계획	총 얼마가 필요하고, 어디서 조달할 것인가?	창업자금 구분: 시설자금(보증금, 인테리어비, 장비) + 운전자금(운영비 3~6개월분)
		자금 출처: 자기자본, 정부 지원, 은행 대출 비율 명시
현금흐름 계획	실제로 돈은 언제 들어오고, 언제 나가는가?	월별 현금 유입·유출 계획
		외상 매출·계절 변동 고려
		흑자도산 방지 전략 포함
민감도 분석	매출이 줄거나 비용이 늘면 어떻게 대응할 것인가?	매출 변동(-10%, -20%) 시 손익 변화 시뮬레이션
		최악의 상황 대응 방안 제시

출처: K-Startup 창업지원포털 창업에듀 <창업교육의 사업계획서>편 참고

지원금 선정으로 이어졌다. 민감도 분석은 가정이 아니라 위기관리 능력을 보여주는 무기다.

이 모든 과정을 종합해 보면, 재무 계획은 결코 형식적인 숫자 채우기가 아니다. 내 사업이 어떻게 돈을 벌고, 어떤 상황에서도 버틸 수 있는지를 증명하는 생존 전략이다. 매출, 손익, 자금조달 구조, 현금흐름, 민감도 분석까지 꼼꼼히 준비된 사업계획서를 본 심사위원과 투자자는 결국 이렇게 생각한다.

"이 창업자는 단순히 꿈꾸는 사람이 아니라 실행할 준비가 된 사업가다."

결론은 명확하다. 사업계획서의 심장은 숫자다. 이 숫자가 제대로 뛰도록 준비하면, 당신의 아이디어는 단순한 발상이 아니라 실제 시장에서 살아 움직이는 현실이 된다.

실패 사례에서 배우는 사업계획서 작성 시 금기 사항

사업계획서를 보다 보면 늘 아쉬움이 남는 경우가 많다. '조금만 더 보완했으면 합격했을 텐데…' 싶은 문서들이 수없이 쌓여간다. 성공 사례가 항로를 비추는 등대라면, 실패 사례는 소상공인이 피해야 할 함정을 알려주는 나침반이다. 실제로 현장에서 반복적으로 발견되는 금기 사항만 피해도 사업계획서는 훨씬 더 경쟁력을 가질 수 있다.

가장 흔한 실수는 장밋빛 시장 환상이다. "시장이 100조 원이니 우리가 1%만 차지해도 1조 원" 같은 표현은 심사위원이 가장 싫어하는 문장이다. 실제로 한 온라인 쇼핑몰 창업자는 "전자상거래 시장 200조 원의 0.1%만 차지하겠다"라는 계획을 내세웠지만, 현실은 예상치의 1%도 달성하지 못했다. 이후 TAM·SAM·SOM 분석을 적용해 시장을 구체적으로 나누자 비로소 실현 가능한 숫자가 나왔고, 이 차이가 합격과 탈락을 갈랐다. 시장은 크다고 좋은 것이 아니라 내가 들어갈 수 있는 자리가 어디인지 명확히 보여줘야 한다는 점을 깨닫게 한다.

또 자주 보이는 것은 경쟁자가 없다는 착각이다. "우리 서비스는 최초라 경쟁자가 없다"라는 말은 곧 "시장을 잘 모른다"라는 고백과 같다. 예전에 음성 인식 메모 앱을 개발하던 창업자는 자신들의 앱이 유일무이하다고 주장했지만, 실제 경쟁자는 기존 메모 앱, 수첩 앱, 메신저 메모 앱까지 훨씬 넓었다. 경쟁의 경계를 다시 정의하고 "음성 인식 정확도를 기존보다 30% 개선했다"라는 차별화를 강조했을 때 비로소 투자 유치로 이어졌다. 결국 경쟁은 같은 업종뿐만 아니라 고객이 선택할 수 있는 모든 대체 수단을 포함한다는 점을 보여준다.

근거 없는 숫자도 금기다. '3년 후 매출 100억 원' 같은 허공의 목표는 금세 무너진다. 한 배달 앱 창업자도 '가입자 100만 명 × 월 4회 이용'이라는 비현실적인 가정을 세웠다가 신뢰를 잃었다. 이후 하루 처리 가능 주문 건수, 평균 단가, 예상 회전율을 기준으로 다시 계산해 매출 목표를 현실적으로 수정했고, 그 과정을 통해 심사위원은 비로소 신뢰를 보냈다. 숫자는 크게 잡는다고 좋은 게 아니라 실제로 달성 가능한 근거로 뒷받침되어야 한다.

보이지 않는 비용을 무시하는 것도 흔한 실수다. 특히 마케팅비와 인건비를 과소 잡는 경우가 많다. "입소문만으로 충분하다"라며 월 마케팅 예산을 10만 원으로 잡았던 한 카페는 실제로는 월 200만 원 이상이 필요해 손익분기점 달성이 6개월이나 늦어졌다. 반대로 마케팅 비용을 충분히 반영하고, SNS 전문가 멘토링으로 효율을 높인 또 다른 카페는 오픈 3개월 만에 흑자를 기록했다. 비용은 줄이는 게 능력이 아니라 현실적으로 필요한 만큼 반영하고 전략적으로 사용하는 것이 핵심이다.

위험 요인을 무시하는 태도도 치명적이다. 한 푸드트럭 창업자는 상권과 메뉴는 잘 준비했지만 계절적 요인을 고려하지 않았다. 여름에는 성업했지만 겨울이 되자 손님이 급감했고, 결국 버티지 못했다. 반대로 또 다른 푸드트럭 창업자는 비수기 대비책을 세워 겨울철에는 배달과 출장 케이터링을 병행해 안정적인 매출을 유지했다. 사업계획서에 '만약'을 대비한 시나리오를 넣는 것은 단순한 형식이 아니라 창업자의 위험 관리 능력을 보여주는 중요한 신호다.

실행 역량이 부족한 창업자 역시 실패로 이어진다. 한 IT 창업자는 개발 경험이 전혀 없어 외주에만 의존하다가 업데이트가 늦어지면서 결국 시장에서 밀려났다. 반대로 팀 내에 개발자를 두고 유사 프로젝트 경험을 구체적으로 증명한 팀은 심사위원에게 "이 팀은 실행력이 있다"라는 신뢰를 얻었다. 결국 아이디어보다 더 중요한 건 그것을 실제로 실행할 수 있는 사람과 팀의 역량이다.

마지막으로, 사소한 실수를 가볍게 여기는 태도는 반드시 피해야 한다. 오탈자, 숫자 오류, 앞뒤 맞지 않는 내용은 심사위원에게 치명적인 인상을 남긴다. 실제로 한 창업자는 1년 차와 3년 차 매출 수치를 뒤바꿔 제출했는데, 그 순간 심사위원은 "이 팀은 꼼꼼하지 못하다"라는 인식을 갖게 되었고, 이후 평가에서 만회할 기회는 없었다. 반대로 제출 전 여러 차례 점검해 완성도를 높인 팀은 문서 하나만으로도 높은 신뢰를 얻었다. 사업계획서는 단순한 종이가 아니라 창업자의 태도를 드러

<합격 사업계획서 6단계 체크리스트>

단계	핵심 질문	확인할 포인트
아이템 정의 & 제목	한 줄로 내 사업의 가치가 드러나는가?	고객·가치·차별화가 제목에 담겼는지
문제 정의 & 해결책	어떤 문제를 누구를 위해 어떻게 해결하는가?	데이터 기반 문제 제시 + 구체적 해법
시장 분석 (TAM·SAM·SOM)	내가 공략할 시장은 얼마나 크고 현실적인가?	TAM·SAM·SOM 단계별 수치 제시
경쟁 분석 & 차별화 전략	경쟁자 속에서 나만의 무기는 무엇인가?	직접·간접·잠재 경쟁자 포함, 4P 비교
재무 계획 & 수익성	얼마를 벌고 언제 손익분기점을 넘을 것인가?	매출 추정, BEP, 투자 회수 계획 제시
실행력 & 위험 관리	누가, 어떤 역량으로, 어떤 리스크 대응할 것인가?	창업자 경력·팀 역량, 리스크 대비책

출처: 중소벤처기업부, 창업진흥원, 기업마당 등에서 제공하는 사업계획서 양식(작성항목) 및 작성 가이드(2025년) 참고

내는 얼굴이다.

사업계획서의 실패는 새로운 함정에서 생겨나는 것이 아니라 늘 반복되는 패턴 속에서 나온다. 시장을 과장하지 않고, 경쟁을 정확히 정의하며, 근거 있는 숫자로 채우고, 비용을 현실적으로 반영하며, 위험 요인을 대비하고, 실행 역량을 증명하며, 작은 실수까지 잡아내는 것. 이 기본만 지켜도 이미 다른 지원자들보다 한발 앞서 있을 수 있다.

사업계획서는 제출용 문서이기 이전에 심사위원과 투자자에게 신뢰를 얻는 첫 무대다. 준비된 사업계획서야말로 기회의 문을 여는 가장 강력한 열쇠라는 사실을 반드시 기억해야 한다.

합격 사업계획서 사례 분석

필자가 수많은 사업계획서를 검토하면서 내린 결론은 명확하다. 합격하는 사업계획서에는 일정한 공식이 있다. 단순히 아이디어만 적어내는 것이 아니라 문제와 해법, 시장 데이터, 경쟁자 분석, 차별화 전략, 재무 계획, 위험 대비책까지 빠짐없이 담겨 있어야 심사위원의 눈길을 끈다. 실제로 필자가 컨설팅했던 프리미엄 도시락 배달 업체 사례를 통해 그 과정을 살펴보자.

첫 번째는 제목이다. 제목은 단순한 간판이 아니라 사업계획서의 첫

인상이다. '도시락 사업'이라고 쓰면 흔한 아이템으로 치부되지만, '바쁜 직장인을 위한 5분 완성 건강 도시락 - 푸드테크로 혁신하는 맞춤 식단 관리'처럼 고객, 가치, 차별화를 한 줄에 담으면 시작부터 심사위원의 주목을 끈다. 실제로 한 창업자가 '헬스 도시락' 대신 '1인 가구 맞춤형 영양 도시락 - 영양사 검수와 AI 추천'이라는 제목을 사용했을 때 심사위원 점수가 크게 상승한 사례가 있다. 제목 하나가 심사위원의 기대를 자극하는 전략적 장치가 된 것이다.

두 번째는 문제 제기와 해결책이다. "직장인 70%가 불규칙하게 식사한다(국민건강보험공단)", "도시락 이용자 85%가 맛과 신선도에 불만족한다(자체 설문조사, n=150)" 같은 데이터를 활용하면 문제를 훨씬 선명하게 드러낼 수 있다. 단순히 "사람들이 불편해 한다"라는 설명보다 숫자로 증명하는 것이 훨씬 설득력이 크다. 그리고 나서 '개인 맞춤형 건강 도시락 제공'이라는 해결책을 제시하면 신뢰가 배가된다. 실제로 당뇨 환자 전용 도시락을 내세운 창업팀은 이 전략 덕분에 "단순한 아이디어가 아니라 반드시 필요한 서비스"라는 평가를 받았다.

세 번째는 시장 분석이다. TAM·SAM·SOM 구조를 활용하면 설득력이 강화된다. 전체 도시락 시장을 TAM 2조 원으로, 직장인 대상 프리미엄 시장을 SAM 5,000억 원으로, 강남·서초 지역 프리미엄 세분 시장을 SOM 200억 원으로 설정한다. 여기에 '3년 내 50억 원 매출'이라는 현실적 수치를 더하면 심사위원이 신뢰할 수 있다. 실제로 필자가 도왔던 한 스타트업도 처음에는 "국내 배달 시장 25조 원의 1%를 차지하겠다"라는 장밋빛 계획을 내세웠다가 탈락했다. 하지만 시장을 세분해서 좁히고 근거 있는 수치를 제시한 두 번째 도전에서 합격했다. 시장 분석은 단순한 수치 나열이 아니라 '우리가 실제로 뿌리내릴 자리'를 보여주는 과정이다.

네 번째는 경쟁 분석과 차별화 전략이다. 경쟁을 좁게 정의해서는 안 된다. 직접 경쟁자는 도시락 업체이지만, 간접 경쟁자는 편의점 도시락, 배달 음식 그리고 잠재 경쟁자는 대기업 프랜차이즈일 수 있다. 이런 시각에서 'AI 맞춤 추천, 30분 내 배달 보장, 영양사 검수' 같은 차별화를 제시해야 한다. 실제로 한 업체는 '배달 시간 보장 서비스'를 추가했고, 이 차별화 전략 하나가 심사위원에게 강한 인상을 남기며 선정으로 이어졌다. 차별화는 화려한 기술이 아니라 고객이 체감하는 경험의 차이에서 나온다.

다섯 번째는 재무 계획이다. 매출 목표, 손익분기점, 투자 회수 시점을 구체적으로 제시해야 한다. 예를 들어 '1년 차 매출 12억 원, 3년 차 매출 50억 원, 손익분기점은 창업 8개월 차, 투자 회수는 3년 차'라는 식이다. 비용 구조도 '재료비 35%, 인건비 20%, 마케팅 10%'처럼 세부적으로 제시해야 한다. 필자가 멘토링했던 도시락 업체도 초기에 이 부분을 빠뜨려 탈락했지만, 이후 월별 현금흐름과 손익계산서를 보완해 제출하자 "이제야 사업을 숫자로 이해한다"라는 평가를 받으며 합격했다.

여섯 번째는 위험 요인과 대응 방안이다. "리스크가 없다"라는 말은 가장 피해야 할 답변이다. 오히려 "우리는 이런 리스크를 예상했고, 이렇게 대응하겠다"라는 설명이 신뢰를 준다. 예컨대 식품 안전은

씨앗 뿌리기: 실패를 재료에 도전하는 창업 준비

HACCP 인증으로, 배달 인력 문제는 파트너십 다각화로, 대기업 진출 위협은 서비스 차별화 강화로 대응할 수 있다. 실제로 한 푸드트럭 창업자는 비수기 대비책을 빠뜨려 지적을 받았지만, 이후 '겨울에는 배달 위주, 여름에는 축제 출점"이라는 시나리오를 추가하자 평가 점수가 크게 올랐다.

결국 합격하는 사업계획서는 단순한 아이디어 모음이 아니다. 실행력과 준비성을 증명하는 문서이다. 데이터, 분석, 차별화, 숫자, 위험 대응까지 균형 있게 담겨 있을 때 심사위원은 "이 팀은 준비된 창업자다"라는 확신을 갖는다.

사업계획서는 곧 아이디어가 현실에서 살아남을 수 있음을 보여주는 설계도이다. 그 확신을 심사위원에게 전달할 수 있다면 기회의 문은 반드시 열리게 된다.

Chapter 06

상권 분석과 입지 선정

"가게는 입지에서 승부가 난다."

창업 현장에서 끊임없이 반복되는 말이다. 필자 역시 지난 10여 년간 수많은 점포의 흥망성쇠를 보면서 이 말이 진리라는 것을 확인했다. 똑같은 메뉴, 똑같은 서비스라도 어느 골목에 자리를 잡느냐에 따라 운명은 극과 극으로 갈린다.

한 분식집 창업자는 임대료가 저렴하다는 이유로 외곽 주택가에 매장을 열었다. 오픈 초기엔 가족과 지인이 찾아와 버틸 수 있었지만, 결국 손님이 없어 6개월 만에 문을 닫아야 했다. 반대로 다른 창업자는 돈을 조금 더 보태 역세권 출구 바로 앞을 선택했다. 점심, 저녁마다 발 디딜 틈 없이 손님이 몰렸고, 1년 만에 두 번째 매장을 낼 정도로 성장했다.

이처럼 상권 분석을 소홀히 하면 값싼 임대료에 혹해 텅 빈 가게를 바라보게 되고, 제대로 된 분석을 거치면 조금 비싸도 '돈 버는 입지'를 찾아낼 수 있다. 성공한 창업자들의 공통점은 분명했다. 지도 위에 후보지를 표시해 두고, 발품을 팔며 주변을 살피며, 공공 데이터와 상권정보를 꼼꼼히 확인한 뒤 최종 결정을 내린다는 것이다.

상권 분석은 더 이상 감(感)으로 하는 일이 아니다. "왠지 좋아 보인다"라는 직감 대신 데이터와 현장 조사라는 과학적 무기를 활용해야 한다. 다행히 지금은 소상공인시장진흥공단 같은 정부기관과 민간기업들이 방대한 상권 데이터를 무료로 제공한다. 창업자에게 필요한 건이 무기를 제대로 쓰는 법을 익히는 것이다. 그렇게만 한다면 실패라는 암초를 피해 성공이라는 항구에 훨씬 더 안전하게 닿을 수 있다.

소상공인 상권정보시스템 200% 활용법

창업에서 입지 선택은 단순한 조건이 아니라 성패를 가르는 분수령이다. 실제로 많은 창업자가 "보증금이 싸다", "월세가 저렴하다"라는 이유만으로 성급히 계약했다가 불과 몇 달 만에 매출 부진으로 폐업에 이르는 경우가 많다. 반대로 상권을 데이터로 분석한 창업자들은 초기 리스크를 크게 줄이고, 안정적인 매출 구조를 빠르게 확보한다. 여기서 가장 강력한 무기가 바로 소상공인 상권정보시스템이다.

이 시스템은 전국 상권을 한눈에 볼 수 있는 데이터 지도이다. 인구

현황, 유동인구 흐름, 소비 패턴, 경쟁 점포 수, 임대료 수준까지 창업자가 고민할 만한 요소를 무료로 제공한다. 그러나 처음 접하면 방대한 정보에 압도되어 어디서부터 시작해야 할지 막막해지기 쉽다. 따라서 단계적으로 접근하는 것이 필요하다.

첫 번째 단계는 상권 범위를 정하는 것이다. 업종마다 고객이 찾아올 수 있는 거리가 다르기 때문이다. 편의점이나 동네 카페는 도보 5분, 반경 300~500m가 상권이고, 음식점은 보통 반경 1km, 대형 할인점은 차량 10분, 반경 5~10km까지 고려해야 한다. 필자가 멘토링했던 한 치킨집 창업자는 매장 반경 1km와 배달 반경 3km의 고객 특성이 전혀 다르다는 사실을 데이터로 확인했다. 그래서 매장 고객에게는 가족 단위 세트를, 배달 고객에게는 1인 메뉴를 주력으로 내세웠고, 이 전략 하나로 오픈 초기부터 매출을 안정적으로 확보할 수 있었다.

그다음은 인구 현황과 연령대 분석이다. 같은 지역이라도 거주인구와 직장인구의 비중에 따라 매출 구조가 달라진다. 거주인구는 주말과 저녁 매출을 만들고, 직장인구는 평일 낮 매출을 만든다. 강남역 인근에 샐러드 전문점을 연 한 창업자는 '다이어트에 관심 있는 20~40대 직장 여성'을 타깃으로 오피스 밀집지를 선택했다. 그 결과 점심시간마다 긴 줄이 생겼고, 단골고객을 빠르게 확보할 수 있었다. 홍대의 한 수제버거 가게도 마찬가지다. 절대인구는 적었지만 20~30대 비율이 높다는 점을 확인하고 입지를 정했다. 결과적으로 주 고객층과 가게 콘셉트가 딱 맞아떨어지며 SNS 입소문을 타고 '작지만 강한 가게'로 자리 잡을 수 있었다.

씨앗 뿌리기: 실패율 제로에 도전하는 창업 준비

소득 수준 데이터는 특히 프리미엄 제품을 판매하는 업종에서 중요하다. 한 반려동물 용품점 창업자는 이 데이터를 근거로 강남과 분당 같은 고소득 지역을 선택했다. 고객들의 구매력이 높은 지역이었기에 초반부터 안정적인 매출을 확보할 수 있었고, 이후 온라인 채널 확장의 발판도 마련할 수 있었다.

유동인구 분석도 핵심이다. 단순히 '사람이 많다'라는 수치에 그치지 않고 요일, 시간대, 연령층까지 세밀히 살펴야 한다. 한 브런치 카페 창업자는 주말보다는 평일 오전 유동인구가 많은 오피스 상권을 택했다. 그 결과 대부분 카페가 주말 매출에 의존하는 상황에서 이 매장은 평일 점심 매출만으로도 안정적인 수익구조를 구축할 수 있었다.

소비 트렌드 확인도 중요하다. 고객이 프랜차이즈를 선호하는지, 개인 매장을 더 신뢰하는지, 배달 이용 비중이 얼마나 되는지를 알면 업종별 강점을 살릴 수 있다. 실제로 한 수제화 공방은 상권정보시스템에서 '수제품 소비 비중이 높은 지역'을 찾아 서울 연남동에 매장을 열었다. 결과적으로 개성을 중시하는 소비자층을 빠르게 확보하며 안정적인 기반을 다질 수 있었다.

마지막으로 기억해야 할 원칙이 세 가지 있다. 첫째, 최소 세 곳 이상의 후보지를 반드시 비교할 것. 둘째, 현재 데이터뿐 아니라 과거 흐름을 함께 살펴 상권이 성장세인지 쇠퇴세인지 판단할 것. 셋째, 정기적으로 데이터를 업데이트해 재개발, 대형 매장 입점, 교통망 변화 같은 변수를 대비할 것. 실제로 한 예비 창업자는 상권 데이터에서 '재개발 예정지'라는 표시를 확인하지 못한 채 입점했다가 1년 만에 강제 퇴거를 당했다. 반면 같은 지역에서 이 정보를 활용한 또 다른 창업자는 재개발 이후 상권 성장의 수혜를 온전히 누렸다.

결론은 단순하다. 감(感)에 의존하면 실패 확률이 높아지고, 데이터로 판단하면 성공 확률이 높아진다. 소상공인 상권정보시스템은 단순한 참고 자료가 아니다. 창업자의 실패 가능성을 줄이고 성장 가능성을 키워주는 과학적 나침반이다. 결국 발품과 데이터를 함께 활용해야만 진짜 돈 버는 입지를 찾아낼 수 있다.

유동인구와 거주인구, 무엇이 더 중요한가

"지나가는 손님을 잡는 게 맞을까, 아니면 동네 단골을 만드는 게 맞을까?"

창업 현장에서 많이 듣는 질문 중 하나이다. 단순한 질문 같지만 답은 결코 간단하지 않다. 업종과 사업 모델에 따라 전략의 무게중심이 달라져야 하고, 무엇보다 감이 아니라 데이터를 근거로 판단해야 한다는 점이 중요하다.

유동인구에 크게 의존하는 업종이 있다. 카페, 패스트푸드점, 편의점, 로드숍 화장품 매장 같은 업종은 고객의 즉흥적 욕구와 충동구매에 의해 매출이 좌우된다. 서울 지하철 환승 구간인 신논현역 인근에 매장을 연 한 도넛 가게는 출퇴근 시간대 몰려드는 유동인구 덕분에 하루

1,000명이 넘는 고객을 확보했다. 같은 브랜드라도 외곽 주택가에 들어섰다면 같은 성과를 내기 어려웠을 것이다. 이처럼 유동인구 상권은 빠른 인지도 확보와 단기간 매출 상승에 탁월하다.

하지만 유동인구만 믿고 가면 함정에 빠질 수 있다. 대학가에서 떡볶이집을 운영하던 한 창업자는 방학과 시험 기간마다 매출이 크게 줄어 어려움을 겪었다. 고정 수요가 부족했기 때문이다. 이후 전략을 수정해 학기 중에는 매장 매출을, 방학에는 배달 채널을 강화하는 투트랙 방식을 도입했고, 매출 공백을 메우며 안정적인 성장을 이어 갈 수 있었다. 유동인구 상권은 화려해 보이지만 변동성이 크다는 점을 간과해서는 안 된다.

거주인구 기반 업종은 성격이 다르다. 동네 마트, 미용실, 세탁소, 약국 같은 생활 밀착형 업종은 재방문과 반복 소비에 매출이 좌우된다. 대형마트에서 불과 500m 떨어진 곳에 자리 잡은 한 제과점은 대단지 아파트 내부에 위치한 덕분에 주민들이 '가깝다'라는 이유만으로 꾸준히 방문했고, 이 편리함이 강력한 경쟁력이 되었다. 또 오래된 주택가에서 3대째 운영하는 빵집은 단순한 매장을 넘어 '우리 동네 빵집'으로 자리 잡으며 지역 공동체의 일부가 되었다. 거주인구 상권은 장기적 신뢰와 충성고객이 핵심 자산이다.

업종에 따라 유동인구와 거주인구의 비율은 다르게 작동한다. 카페는 유동인구 70%, 거주인구 30%일 때 안정적이었고, 패스트푸드점은 유동인구 80% 이상에서 성과가 좋았다. 반면 한식당은 거주인구 60% 이상일 때 안정적이었고, 미용실은 거주인구 의존도가 90% 이상일 때

생존 가능성이 높았다. 업종마다 최적의 비율이 존재한다는 점을 보여
준다.

<업종별 유동인구 vs 거주인구 의존도 비교표>

업종	유동인구 의존도	거주인구 의존도	특징 및 사례
카페	70%	30%	• 즉흥 소비가 많아 역세권·오피스가 유리 • 강남역 카페 → 점심·퇴근 시간 매출 집중
패스트푸드점	80%	20%	• 빠른 회전율·즉시 구매 성향 • 신논현역 도넛 매장 → 하루 1,000명 이상 유입
한식당 (일반 음식점)	40%	60%	• 가족·직장인 단골 확보 중요 • 동네 식당 → 점심 직장인, 저녁·주말엔 거주민 매출
브런치 / 샐러드 전문점	60%	40%	• 직장 여성 타깃, 오피스 상권에서 점심 매출 집중 • 강남 샐러드집 → 점심 두 시간에 일 매출 절반
미용실 / 세탁소	10%	90%	• 생활밀착형 서비스, 장기 단골이 핵심 • 대단지 아파트 내 미용실 → 주민 고정 고객층 확보
동네 마트 / 편의점	30%	70%	• 근거리 소비·반복 구매 중심 • 대형마트 옆 마트도 '가까움' 하나로 고객 유지
특수 소매 (수제화·공방 등)	50%	50%	• 지역 소비 트렌드 영향 큼 • 연남동 수제화 공방 → '개성 중시 소비자' 고객 확보

출처: 서울시 우리마을가게 상권분석서비스 및 소상공인 상권정보시스템 데이터 기반 업종별 상권 분석 자료(2024~2025년 기준) 참고

씨앗 뿌리기: 실패율 제로에 도전하는 창업 준비

공공 데이터는 이러한 비중을 수치로 확인할 수 있게 한다. 서울시 상권분석서비스에 따르면, 한 프랜차이즈 카페 본사는 입지 기준을 '일일 유동인구 2만 명 이상, 배후 거주인구 1만 명 이상'으로 설정했다. 이 조건을 충족한 매장은 그렇지 않은 매장보다 평균 매출이 40% 높았다. 데이터는 감각이 아닌 검증된 기준을 제공한다.

시간대별 분석도 중요하다. 한 편의점 창업자는 유동인구가 많다는 단순한 이유로 입지를 정하지 않고, 아침저녁 출퇴근하는 인구와 늦은 밤 거주인구를 동시에 공략하는 전략을 세웠다. 24시간 운영이라는 업종 특성을 극대화해 하루 종일 매출이 끊기지 않는 구조를 만들었다.

결국 중요한 것은 '유동인구냐 거주인구냐'의 선택이 아니다. 업종별로 어느 쪽에 무게를 둘지 파악하고, 그 비율을 데이터로 검증해 전략을 세우는 것이다. 성공한 창업자들의 공통점은 감이 아니라 데이터를 근거로 입지를 결정했다는 것이다. 이 원칙을 지키면 실패 확률을 줄이고 성공 확률을 높일 수 있다. 창업에서 중요한 것은 직감이 아니라 검증된 전략이다.

경쟁업체 분석으로 틈새시장 찾기

"경쟁자가 많은 곳은 피해야 하지 않을까?"

역시 창업 현장에서 자주 나오는 질문 중 하나이다. 얼핏 일리 있어

보이지만 실제로는 꼭 그렇지 않다. 경쟁자가 많다는 것은 곧 시장에 확실한 수요가 있다는 신호일 때가 많다. 중요한 것은 경쟁을 피하는 것이 아니라 그 안에서 자신이 들어갈 자리를 어떻게 찾아내느냐이다. 두려움이 아니라 기회로 보는 시각이 필요하다.

한 분식집 사례가 대표적이다. 대표는 주변에 유사한 가게가 많아 입점을 망설였다. 그러나 데이터를 분석하고 현장을 직접 살펴보니 경쟁자들은 가격대, 분위기, 고객층에 따라 이미 차별화를 이루고 있었다. 이에 따라 전략을 "우리만의 무기를 명확히 하자"로 잡고, 대부분이 2천~3천 원대 저가 메뉴를 내세울 때 8천~1만 원대 직장인 점심 정식을 주력으로 구성했다. 그 결과 오픈 한 달 만에 직장인 고객 사이에서 빠르게 입소문이 퍼지며 단골을 확보할 수 있었다. 경쟁이 많았기에 오히려 틈새가 드러난 사례이다.

경쟁자를 어떻게 정의하느냐도 중요하다. 같은 메뉴를 파는 가게만 경쟁자가 아니다. 카페의 경우 옆집 카페뿐 아니라 편의점 커피, 자판기, 회사 탕비실의 무료 커피까지도 경쟁자가 된다. 여기에 대기업 프랜차이즈 같은 잠재 경쟁자도 고려해야 한다. 한 디저트 카페 팀은 경쟁 범위를 '빵집과 카페'로 한정하지 않고 '점심 이후 직장인의 달달한 휴식 욕구 전체'로 정의했다. 이 접근 덕분에 단순 매장 판매가 아닌 데이터 기반의 오피스 대상 '디저트 큐레이션 구독 플랫폼(가칭)'을 기획할 수 있었고, '푸드테크' 분야로 인정받아 창업진흥원 지원사업에도 선정될 수 있었다.

현장 조사는 경쟁 분석에서 반드시 필요하다. 한 일식당 창업자는 개업 전 주변 일식당 열 곳을 직접 방문해 메뉴, 가격, 서비스, 고객층을 기록했다. 그 결과 "직장인들이 부담 없이 먹을 수 있는 1만 원대 점심 정식이 없다"라는 틈새를 발견했고, 이를 집중 공략해 개업 직후 안정적인 매출을 확보했다. 반대로 책상 위 자료만 보고 진입했다가 실제 고객 니즈가 다르다는 사실을 뒤늦게 깨닫고 어려움을 겪는 경우도 많다. 데이터와 현장은 반드시 함께 봐야 한다.

경쟁자의 수익 구조를 추정하는 것도 전략적 도구가 된다. 한 버거 매장은 오픈 전 인근 매장 앞에서 시간대별 고객 수를 세고 회전율과 객단가를 계산했다. 그 결과 저녁 매출이 약하다는 약점을 파악했고, 이를 기회로 삼아 '저녁 특화 세트'를 출시했다. 이 전략이 시장 안착의 결정적 요인이 되었다. 단순히 매출 규모를 보는 것이 아니라 시간대별, 고객층별 약점을 찾아내는 과정이 필요하다.

경쟁 상황에 따라 다양한 전략을 선택할 수 있다. 경쟁 밀도가 높은 곳을 피하는 회피 전략, 아무도 진입하지 않은 영역을 개척하는 창조 전략, 서로 다른 업종이 모여 시너지를 내는 상생 전략 등이 있다. 실제로 어느 지역은 원두 전문, 디저트 전문, 브런치 전문 카페가 모여들며 '카페 거리'라는 브랜드를 형성했다. 각 매장은 개별 단골을 확보하면서도 상권 전체는 성장할 수 있었다.

결국 경쟁업체 분석은 단순히 '숫자가 몇 개냐'를 세는 문제가 아니다. 시장의 현재를 읽고 미래를 내다보는 통찰력의 문제이다. 지금 성업 중인 가게도 수익성이 약할 수 있고, 계절이나 트렌드 변화에 따라 판도가 달라질 수도 있다. 지금은 보이지 않는 잠재 경쟁자가 몇 년 뒤 강력한 도전자로 나타날 수도 있다.

　성공한 창업자들의 공통점은 분명하다. 경쟁을 피하지 않고, 그 속에서 자신이 들어갈 수 있는 틈새를 끝까지 찾아낸다. 경쟁은 장벽이 아니라 새로운 기회를 알려주는 신호이다. 그 신호를 제대로 해석할 수 있다면 실패를 줄이고 성공 확률을 높일 수 있다. 결국 경쟁을 두려움이 아닌 기회로 보는 태도가 틈새시장을 발견하고 살아남는 진짜 힘이 된다.

<경쟁업체 분석 5단계 체크리스트>

단계	핵심 질문	확인할 포인트
경쟁자 정의	누구와 경쟁하는가?	직접 경쟁자(같은 업종), 간접 경쟁자(대체재), 잠재 경쟁자(향후 진입 가능 기업)
밀도 파악	주변에 몇 개나 모여 있는가?	반경 500m 내 동일 업종 수 파악, 단순 숫자보다 시장 수요와 차별화 가능성을 함께 확인
현장 조사	고객은 어떤 경험을 하고 있는가?	직접 고객이 되어 메뉴, 가격, 서비스, 분위기, 고객층 조사
수익 구조 추정	이 가게는 얼마나 벌고 있나?	좌석 수 × 회전율 × 객단가 계산, 시간대별 관찰
전략 선택	어떤 길로 승부할 것인가?	회피(경쟁 덜한 지역), 창조(새로운 시장 개척), 상생(차별화된 공존)

출처: 중소벤처기업부, 창업진흥원, 기업마당 등에서 제공하는 사업계획서 양식(성장전략 등) 및 작성 가이드 참고

임대료와 권리금 협상의 기술

창업을 준비하는 과정에서 마주하는 벽 중 하나가 임대료와 권리금 협상이다. 많은 창업자가 "이건 고정비니까 어쩔 수 없다"라며 제시된 조건을 그대로 받아들이지만, 실제 현장에서 보면 이 순간이야말로 사업 성패를 가르는 갈림길이다. 같은 업종, 같은 아이템으로 시작해도 누군가는 안정적으로 안착하고, 누군가는 몇 달 만에 문을 닫는다. 그 차이는 협상을 얼마나 준비했느냐에서 갈린다.

한 카페 창업자의 사례를 보자. 처음 제시받은 조건은 월세 400만 원, 권리금 7천만 원이었다. 그는 곧바로 계약을 서두르려 했지만, 소상공인 상권정보시스템으로 주변 시세와 유동인구를 분석해 보니 조건이 불리했다. 이후 직접 부동산 여러 곳을 발로 뛰며 시세를 확인했고, "장기 계약을 보장하겠다"라는 협상 카드를 제시해 월세를 350만 원, 권리금을 6천만 원으로 낮출 수 있었다. 절감한 자금은 인테리어 업그레이드에 투입되었고, 오픈 초기부터 고객 경험이 향상되면서 매출 안정화로 이어졌다.

음식점 사례도 있다. 초기 조건은 월세 700만 원, 권리금 9천만 원이었는데, 시설이 노후해 교체가 불가피한 상황이었다. 대표는 이 점을 집중적으로 지적하고, 대신 보증금을 조금 더 올리는 조건으로 협상했다. 최종적으로 월세는 650만 원, 권리금은 7천만 원으로 줄었고, 절약된 자금은 메뉴 개발과 온라인 홍보에 재투자되었다. 결과적으로 불과

6개월 만에 손익분기점을 돌파할 수 있었다. 협상의 준비 여부가 결과를 갈라놓은 것이다.

여기서 확인할 수 있는 원칙은 명확하다. 첫째, 임대료는 매출 대비 10~15%를 넘지 않아야 한다. 아무리 좋은 입지라도 고정비 부담이 크면 버티기 어렵다. 둘째, 계약서에는 임대료 인상 상한선을 반드시 명시해야 한다. 현재는 적정해 보여도 1~2년 뒤 큰 폭으로 오르면 대응할 방법이 없다. 셋째, 최소 3년 이상의 장기 계약을 확보해야 한다. 가게는 시간이 쌓이며 단골이 형성되고 매출 구조가 안정되는데, 계약 기간이 짧으면 뿌리를 내릴 수 없다. 넷째, 권리금은 단순히 액수로만 보지 말고 영업권, 시설권, 위치권으로 나눠 어떤 가치를 인수하는지 꼼꼼히 따져야 합리적인 금액을 산정할 수 있다.

의류 편집숍 사례도 흥미롭다. 대표는 권리금을 한 번에 지급하기 부담스러워 분할 납부라는 협상 카드를 꺼냈다. 계약금, 중도금, 잔금으로 나누어 지급하면서 초기 자금 압박을 줄였고, 확보한 여유 자금을 마케팅에 투입했다. 결과적으로 오픈 첫 달 매출이 2천만 원을 넘으며 안정적인 출발을 할 수 있었다. 협상은 단순한 비용 절감이 아니라 자금 활용의 여유를 만드는 과정이라는 점을 보여준다.

계약서 검토는 반드시 필요하다. 한 창업자는 관리비와 전기료 조항을 꼼꼼히 확인하지 않고 계약했다가 예상보다 두 배 가까운 관리비를 매달 부담해야 했다. 작은 부주의가 수년간의 부담으로 이어진 것이다. 이 때문에 법무사 검토는 필수적이다. 몇십만 원의 비용으로 수천만 원의 리스크를 막을 수 있는 보험과 같다.

협상 원칙	핵심 내용
매출 대비 임대료 비율 준수	임대료는 예상 매출의 10~15% 이하로 설정해야 안정적
임대료 인상 상한선 명시	계약서에 연 5% 이내 인상 제한 조항 반드시 포함
장기 계약으로 안정성 확보	최소 3년, 가능하다면 5~10년 계약으로 안정적 운영
보증금 및 월세 비율 조정	자금 상황에 따라 보증금을 높이고 월세를 낮춰 장기 순이익 확보
권리금 합리적 책정 및 분할 납부	권리금은 영업권·시설권·위치권으로 나눠 평가, 순이익의 12~24개월 내에서 책정, 분할 납부 가능

출처: 소상공인시장진흥공단 상권분석 및 창업 가이드라인, 부동산 업계 상가 임대차 실무 자료 종합 (2024~2025년 기준) 참고

결국 임대료와 권리금 협상은 단순히 몇만 원 아끼는 문제가 아니다. 사업 구조를 안정적으로 설계하는 첫 단추이며, 절약한 자금을 어디에 재투자할 수 있는지를 결정하는 중요한 출발점이다. 준비된 창업자는 협상 과정에서 단순히 비용을 줄이는 데 그치지 않고, 사업 성장의 동력까지 확보한다. 이 작은 차이가 사업을 더 멀리, 더 안정적으로 끌고 가는 힘이 된다.

온라인과 오프라인 입지 전략의 시너지

창업에서 입지를 이야기할 때 아직도 많은 창업자가 "어느 길목에

매장을 열 것인가?"라는 물리적 주소만 떠올린다. 하지만 이는 반쪽짜리 시각이다. 고객은 매장 문을 열고 들어오면서도 손에 스마트폰을 쥐고 있다. 다시 말해 사업은 오프라인 매장과 온라인 채널이라는 두 무대에 동시에 존재하며, 이 둘을 어떻게 엮느냐가 성패를 좌우한다.

한 베이커리 창업자의 사례를 보자. 그는 대로변 1층 대신 이면도로 주택가에 합리적인 임대료로 입점했다. 대신 넓은 주차 공간을 확보하고 예약 픽업 시스템을 도입했다. 매장은 지나가다 들르는 공간이 아니라 '일부러 찾아오는 충성고객의 공간'으로 전환되었고, 전체 매출의 80% 이상이 온라인 예약을 통해 발생했다. 아긴 임대료는 브랜드 경험 강화에 재투자되었고, 오프라인 매장은 단순 영업 공간이 아니라 온라인 매출을 떠받치는 전략 거점이 되었다.

배달 중심 업종에서는 시너지 효과가 더욱 분명하다. 한 치킨 브랜드는 유동인구가 거의 없는 곳에 매장을 열었다. 대신 반경 3km 안에 2만 세대 이상이 거주하는 배후지를 철저히 분석했다. 온라인 주문 데이터를 근거로 입지를 선정했기에 배달 대기 시간이 줄었고, 고객 만족도와 재주문율이 크게 상승했다. 이 경우 오프라인 매장은 매출 종착지가 아니라 온라인 매출을 뒷받침하는 물류 기지가 된 것이다.

반대로 오프라인 매장이 온라인 매출을 끌어올린 경우도 있다. 압구정의 한 수제 초콜릿 공방은 높은 임대료를 감수하고 입점을 결정했다. 현장 매출 때문이 아니라 '압구정 프리미엄 이미지'를 온라인으로 확산시키려는 전략이었다. 고객이 매장에서 찍은 사진은 SNS를 통해 전국으로 퍼졌고, 온라인 주문은 폭발적으로 증가했다. 오프라인은 브랜드의 무대, 온라인은 그 무대를 증폭시키는 스피커가 된 것이다.

최근에는 공간 자체가 콘텐츠가 되는 사례도 늘고 있다. 한강 뷰를 내세운 루프탑 카페는 '한강 뷰'라는 키워드 하나만으로 전국에서 손님을 끌어들였다. 고객이 찍은 사진은 곧 온라인 광고가 되었고, 온라인 노출이 다시 오프라인 방문을 유도하는 선순환을 만들었다. 명동의 한 패션 스타트업은 3개월간 팝업스토어를 운영해 브랜드를 각인시킨 후에 온라인 매출을 세 배로 끌어올렸다. 오프라인은 고객 체험의 무대, 온라인은 증폭 장치라는 구조가 명확히 드러난 사례다.

이 모든 연결의 중심에는 데이터가 있다. 온라인 주문 주소를 지도에 표시하면 다음 오프라인 거점이 보인다. 배달 앱 주문 데이터를 시간대별로 분석하면 고객의 생활 리듬이 드러난다. 오프라인에서는 고객 재방문 주기와 객단가를 기록하고, 온라인에서는 전환율과 이탈률을 추적해야 한다. 이런 과정을 반복하다 보면 오프라인에서 어떤 경험이 고객 반응을 이끌고, 온라인에서 어떤 장면이 빠르게 확산하는지 감을 잡을 수 있다.

결국 오프라인과 온라인은 따로 떨어진 섬이 아니라 데이터라는 다리로 연결된 하나의 영토이다. 설계해야 할 것은 단순한 매장이 아니라 고객의 하루 전반을 아우르는 경험이다. 출근길, 점심시간, 퇴근 후, 심야 배달까지 고객의 생활 맥락을 따라붙는 입지 전략이 필요하다. 발품을 팔아 현장을 확인하고, 데이터를 근거로 가설을 검증하며, 온·오프라인을 유기적으로 엮는 것. 이 과정이 쌓일 때 창업 후 10년을 버틸 수 있는 토대가 만들어진다.

성공한 창업자들의 공통점은 명확하다. 그들은 매장을 단순한 공간으로 보지 않았다. 오프라인은 브랜드 경험을 제공하고, 온라인은 그 경험을 확산시키는 장치로 활용했다. 결국 입지 전략은 "어디에 가게를 열 것인가?"가 아니라 "어떻게 오프라인과 온라인을 연결해 시너지를 낼 것인가?"의 문제이다. 이 질문에 답을 찾는 순간 창업은 훨씬 더 단단해지고 멀리 뻗어 나갈 수 있다.

<온·오프라인 입지 전략 시너지 체크리스트>

구분	핵심 질문	확인할 포인트
오프라인 → 온라인 강화	내 매장은 온라인의 거점 역할을 할 수 있는가?	주차 편의성, 픽업 시스템, 배달 효율성 확보 여부
온라인 → 오프라인 보완	온라인 데이터가 오프라인 입지를 뒷받침하는가?	배달 앱 주문 반경(3km), 주문 밀집 지역, 공백 지역 확인
브랜드 이미지 전이	오프라인 입지가 브랜드 이미지를 강화하는가?	고급 상권, 체험 중심 매장, SNS 공유 가치
공간 = 콘텐츠 전략	매장이 온라인 확산의 콘텐츠가 될 수 있는가?	뷰(전망), 디자인, 체험 요소, 인증샷 유발 포인트
단기 집중 전략	단기간에 브랜드 인지도를 올릴 수 있는가?	팝업스토어, 이벤트성 공간 운영, 체험 설계
데이터 기반 의사결정	온라인과 오프라인 데이터를 함께 분석하는가?	온라인 주문 주소, 시간대별 주문 패턴, 오프라인 재방문 주기

출처: O2O(Online-to-Offline) 비즈니스 전략 및 공공 상권 데이터(소상공인 상권정보시스템 등) 활용 사례 종합(2024~2025년 기준) 참고

씨앗 뿌리기: 실패율 제로에 도전하는 창업 준비

PART 03

열매 맺기:
고객의 마음을
사로잡는 현장의 기술

이경숙

선문대학교에서 자연치유학 석사를, 대전대학교에서 경영컨설팅학 박사 학위를 취득하였으며, 현재 20년째 테라피연구소 아로마 바디숍을 운영하고 있다. 한국 에이스 바디케어 협회 회장과 국제뷰티 페스티발 심사를 역임하며 미용인의 뷰티 산업 전문성 향상과 발전에 기여해왔다. 현재 대전일자리경제진흥원과 경남투자경제진흥원에서 컨설턴트로 활동하며, 뷰티숍 창업, 미용 기술 전이 및 지역 소상공인들의 홍보마케팅 컨설팅을 수행하고 있다.

Chapter 07

돈 들이지 않고
단골고객 만드는 법

"직원을 내 가족이라고 생각하고 대했더니 정말 가족이 되었어요."
20년 가까이 아로마 테라피숍을 운영하며 깨달은 진리다. 수많은 고객을 만나고 보내며 배운 건 내 정원을 아름답게 가꾸면 나비는 알아서 몰려온다는 것이다. 직원이 만족하는 가게가 결국 돈을 꾸준히 번다. 돈 들여 광고하고 이벤트를 해도 내부가 엉망이면 오래 가지 못한다.

많은 소상공인이 우리는 서비스가 좋다고 말한다. 하지만 정작 고객은 다르게 느낀다. 왜 그럴까? 서비스를 공급자 관점에서만 보기 때문이다. "친절하게 인사한다", "깨끗하게 청소한다", "음식에 정성을 다한다" 등 이런 것들은 기본이다. 고객이 감동하는 서비스는 따로 있다.

요즘 고객들은 인터넷 광고보다 SNS상의 리뷰와 진심 어린 댓글을 본다. 단골고객도 여기서 만들어진다. 온라인 사진은 화려한데 실제 매장은 실망스럽다는 말을 한 번쯤 들어봤을 것이다. 온라인과 오프라인이 일관성 있게 움직여야 한다. 아무것도 하지 않고 가만히 있는데 장사 잘되는 일은 없다. 이것이 장사의 본질이다.

〈상도〉라는 책을 알고 있는가? 자영업을 처음 시작하는 소상공인에게 훌륭한 지침서다. 장사는 돈을 남기는 것이 아니라 신뢰를 남기는 것이다. 지금 당장 능력이 부족해도 일에 열정을 쏟고 고객을 진심으로 대하면 성공은 알아서 찾아온다.

이 장에서는 필자의 20년 노하우와 성공한 소상공인들의 실제 사례를 통해 돈 들이지 않고 단골고객 만드는 비법을 공개한다.

첫인상 3초의 법칙: 입구부터 시작되는 고객 경험

심리학에서 말하는 '초두효과(Primacy Effect)'를 아는가? 사람의 첫인상은 단 3초 안에 결정된다. 이 짧은 순간에 호감, 신뢰도, 다시 방문하고 싶은 마음이 형성된다.

한 실험에서 사진을 0.1초간 보여준 뒤 평가하게 했는데, 0.1초 만에 형성된 첫인상이 30분 동안 본 평가와 별반 차이가 없었다. 이 원리는 자영업에도 똑같이 작용한다. 고객이 매장 입구에서 마주치는 첫 장면, 첫 분위기, 첫 응대가 이후 모든 경험의 방향을 좌우한다. 한국서비스진흥협회 조사에 따르면 고객 만족도에 영향을 미치는 접점 중 '첫 방문 시 느낌'이 35%로 음식 맛(25%), 가격(20%), 직원 서비스(20%)보다 높았다.

　가게 문을 열기 전부터 싸움은 시작된다. 간판의 밝기, 유리창의 청결, 입구 앞 조경이나 작은 안내 문구까지 고객의 무의식에 기록된다. 반대로 지저분한 유리문, 무질서한 전단지, 칙칙한 조명은 발길을 돌리게 만든다.

　유명인사가 방문했다면 동의하에 인증샷을 남겨두자. 돈 들이지 않고도 효과적인 마케팅이 된다. 간판과 외부 플래카드의 힘을 과소평가하지 말자. 신발을 벗고 들어가는 매장이라면 깨끗한 동일 슬리퍼를 배치하자. 입구의 먼지 낀 조화, 죽은 화분, 오래된 인형은 과감히 정리해야 한다. 본인에게는 추억이지만 첫 방문 고객에게는 지저분한 인상을 준다. 출입문은 손자국 없이 깨끗하게, 조명은 따뜻하게 밝혀두자. 은은한 음악이나 직원의 밝은 인사는 포근함을 주지만, 무반응이거나 냉랭한 분위기는 고객의 경계심을 높인다.

　요즘 도심 속 인기 북카페들은 입구부터 따뜻한 조명과 높은 책장, 편안한 소파로 개인 서재 같은 아늑함을 준다. 강원도 한 특산물 식당은 입구에서부터 지역 문화·역사 사진과 소품, 은은한 전통 음악으로 '작은 박물관' 같은 경험을 선사한다. 이 독특한 첫인상은 SNS에 자발적 홍보로 이어졌고, 지역 주민과 연계한 요리 강좌 커뮤니티까지로 확대되어 성공했다. 한 시골 카페는 입구에 계절마다 다른 꽃을 일렬로 세워놓고, 특히 겨울에는 꽃 피는 선인장으로 장식한다. 고객들이 사계절 꽃구경하는 재미로 찾아오면서 "예쁜 꽃향기 맡으며 커피 마시니 정말 행복하다"라는 리뷰가 이어진다. 큰 투자 없이도 차별화된 경험을 제공할 수 있다는 좋은 사례다.

냄새도 중요하다. 후각은 감정과 직결되어 기억에 오래 남는다. 한 베이커리는 매장 입구에서 갓 구운 빵 냄새가 나도록 설계했다. 음식점이라면 좋은 조리 냄새, 카페라면 원두향, 뷰티숍이라면 아로마향이 긍정적 경험을 강화한다. 반대로 화장실 냄새, 음식 타는 냄새, 곰팡이 냄새는 즉시 제거해야 한다. 참고로 바닥 타일의 곰팡이는 락스 묻힌 키친타올을 퇴근 시 깔아두고 다음 날 제거하면 효과적이다.

화장실 관리도 첫인상의 연장선이고, 직원 위생에도 신경을 써야 한다. 화장실에서 식당 직원들이 볼일을 보고 손을 안 씻고 나가는 경우를 종종 본다. 참 심기가 불편해진다. 위생에 신경 쓰는 고객이라면 과연 재방문을 하겠는가! 비누, 수건, 일회용 핸드타올 등 기본 용품을 꼭 갖추자. 최소한 핸드드라이기는 필수다. 한 식당은 화장실에 여성용품 무료 서비스와 기저귀 교환대를 설치해 여성 고객들의 호평을 받았고, 맘카페 입소문을 통해 대기 손님이 생길 정도로 성공했다. 여성 고객 비중이 높다면 타깃팅한 서비스를 통해 안정적인 고객층을 확보할 수 있다.

성공한 소상공인들의 감동 서비스

성공한 소상공인들의 공통점은 나무가 아닌 숲을 본다는 것이다. 열정으로 최선을 다하고 고객을 편안하게 해주면 한 번 온 손님은 평생 단골고객이 된다. 고객이 진정으로 원하는 것은 무엇인가? 테크닉도 중요하지만, 그보다 더 중요한 것은 '나를 특별하게 대해주는' 진심이다. 고객 한 분 한 분을 개별적으로 기억하고, 그에 맞는 서비스를 제공할 때 감동이 일어난다.

고객 여정 지도(Customer Journey Map)로 우리 가게에 오기 전부터 떠난 후까지의 모든 과정을 아로마 테라피숍을 예를 들어 분석해 보면 다음과 같다.

❶ **사전 단계**(신뢰감 형성): 인터넷 검색이나 지인 추천으로 가게를 알게 된다. 이때 온라인 리뷰, 홈페이지, SNS가 첫 접점이다. 전화 예약 시 친절하고 전문적인 상담으로 신뢰감을 준다. "어떤 부분이 불편하신지 미리 알려주시면 더 좋은 서비스를 준비할 수 있습니다." 문의한 프로그램의 관리 순서를 문자로 보내주면 고객의 신뢰를 높일 수 있다. 미리캔버스와 캔바 사이트는 다양한 피부관리실 사진이 많아 여러 툴을 활용해 전문적이고 매력적인 콘텐츠를 쉽게 제작할 수 있어 홍보 활용도가 높다. 미리캔버스의 경우 카드뉴스·포스터·유튜브 썸네일·PPT·상세페이지·영상 등 거의 모든 디지털 및 인쇄물 제작이 소량으로도 가능하고 홈페이지, SNS, 광고 등 상업적 목적으로 자유롭게 사용할 수 있다.

❷ **도착 단계**: 매장에 도착하면 입구에서 반갑게 맞이하고, 예약 확인과 함께 간단한 상담을 진행한다. "오늘 컨디션은 어떠세요? 특

별히 아프거나 불편하신 곳 혹시 수술 부위가 있으실까요?"

❸ **관찰 단계**(개인 피부관리 서비스의 시작): 피부 진단 테스트를 실시한다. "특별히 건조하거나 민감한 부위는 없으신가요?"

❹ **서비스 단계**(맞춤형 아로마 테라피): 피부 타입과 상태에 맞는 에센셜 오일을 블렌딩하여 부드럽고 리드미컬한 마사지로 피부 진정과 탄력 개선을 돕는다. "이 오일은 피부 진정과 보습에 효과적인 블렌딩입니다. 편안하게 느껴지시나요?"

❺ **마무리 단계**(다음 방문 기대감 조성): 관리 후 피부 변화를 점검하며 후속 관리와 맞춤 추천을 안내한다. "오늘 시술 후 느낌 어떠셨나요? 혹시 뭉침이 심한 부위는 잠시 통증이 있을 수도 있지만 하루 정도 지나면 많이 편안하고 가벼워진 컨디션을 체험하실 수 있습니다. 시술 후에는 충분한 휴식과 보습을 권장드리며 다음 방문 때도 컨디션을 체크해 더욱 세심한 맞춤 케어를 준비하겠습니다. 언제든 궁금한 점이나 불편한 점 있으시면 편하게 연락주세요."

❻ **사후 단계**(지속 관심과 관리 권장): 관리 유지가 되도록 충분한 보습과 자외선 차단 등 계절별 홈케어를 알려주고, 충분한 수분 섭취와 건강한 생활습관을 SNS 팔로워를 통해 공지한다.

개인화 서비스가 핵심이다. 각 통신사마다 고객과 통화 후 자동 문자 발송 콜백 서비스를 운영하고 있어서 가게 위치나 영업 시간, 예약 방법, 주차 안내, 이벤트 문자 등을 세팅해 놓으면 자동 홍보 마케팅이 된다. 필자가 운영하는 테라피숍은 지금도 대량문자 알리미 '문자박사'

프로그램으로 이벤트나 SALE, 명절 휴무일 등을 관리한다.

이제 창업할 때는 POS 단말기나 토스 태블릿 키오스크, 네이버 페이 앤 포스를 적극 활용해야 한다. 무료로 고객 관리, 포인트 적립, 매출 분석까지 한 번에 제공되는 시스템은 자영업자들의 부담을 획기적으로 줄여준다. 유료 서비스를 사용하지 않고도 홀, 배달, 포장 매출을 전부 한눈에 파악할 수 있고, 결제도 빠르고 편리하다. 경영자는 월정액 걱정 없이 더 많은 시간과 에너지를 고객 서비스에 집중할 수 있다. 특히 뷰티 업종은 예약 링크를 보내고 선금도 입금받아 노쇼를 예방해야 불필요한 시간 낭비를 사전에 방지할 수 있다.

예상을 뛰어넘는 서비스도 중요하다. 고객이 기대하는 것 이상을 제공할 때 감동이 일어난다. 성공한 소상공인 중에 "김 사장님, 지난번에 매운 것 적게 해달라고 하셨는데 오늘은 어떻게 해드릴까요?"처럼 고객의 요청을 기억하고 소통하는 분이 있다. 한 식당에서는 고객이 "음식이 조금 짜네요"라고 하자 단순히 다시 해주는 것이 아니라 간을 조절한 새 요리와 함께 입맛에 맞는 반찬을 추가로 제공했다. 고객은 "이렇게까지 신경 써주시니 너무 고맙다"라며 감동했다.

한 고깃집 사장님은 비 오는 날 가게 입구에 "비에 젖으면 감기 걸려요. 우산 대여해 드립니다"라고 적고 우산을 서비스로 제공했다. 그리고 다시 우산을 가져오면 음료수를 제공했다. 고객이 SNS에 "우산까지 챙겨주는 따뜻한 식당"이라고 올렸고, 그 글이 수백 번 공유되어 매출이 20% 증가했다.

감동 서비스의 핵심은 진정성이다. 형식적인 친절이 아니라 진심으로 고객을 생각하는 마음이 전해져야 한다. "고객이 가족이라고 생각하고 대하라. 내 어머니, 내 언니라고 생각하고 서비스를 하자" 그런 마음이 전해지면 고객도 같은 감정을 느낀다.

대형 프랜차이즈의 가장 큰 문제는 고객을 단순히 수익 대상으로만 보고 형식적으로 대한다는 점이다. 2024년 한국소비자원 만족도 조사에 따르면, 국내 4대 편의점 프랜차이즈에서 '직원 불친절(37.6%)'과 '상품 재고 부족(52.5%)'이 주요 불만 원인으로 지적되었다.

이런 틈새가 소상공인에게는 기회가 된다. 대형 프랜차이즈의 단점을 정확히 파악하고 내 가게의 서비스를 보완해 나간다면 충분히 경쟁력을 확보할 수 있다. 실제로 대형 프랜차이즈의 획일적, 비인간적인 서비스에 불만을 느낀 소비자들이 '친근한 소통'과 '맞춤 서비스'를 제공하는 소상공인 매장으로 이동하는 흐름이 뚜렷해지고 있다. 변화하는 소비자의 요구를 정확히 읽고 진지한 고민을 거듭하다 보면 새로운 아이디어가 나온다. 이를 실천에 옮길 때 소비자로부터 진정한 신뢰를 얻게 될 것이다.

고객 니즈 파악하는
대화의 기술

"고객이 뭘 원하는지 모르겠어요."

많은 소상공인의 고민이다. 고객의 진짜 니즈를 파악하는 것은 쉽지 않다. 고객 스스로도 자신이 뭘 원하는지 명확히 모르는 경우가 많다. 하지만 대화의 기술을 익히면 고객의 숨은 니즈까지 발견할 수 있다. 이때 중요한 것은 먼저 말을 많이 하는 것이 아니라 잘 들을 준비가 되었다는 태도를 보이는 것이다. 따뜻한 미소, 또렷한 목소리, 열린 자세로 들어주면 고객은 자신의 이야기를 더 편하게 풀어낸다.

스타벅스 창업자 하워드 슐츠는 CEO 시절 정기적으로 매장을 방문해 고객에게 직접 커피의 맛과 향, 서비스 상태를 물었다. 고객과의 진심 어린 소통을 바탕으로 고품질 커피 경험을 만들 수 있던 것이다. 고객 니즈 파악을 한순간도 소홀히 하지 않고 기본에 충실하는 태도를 견지하기 때문에 브랜드에 대한 충성도와 장기적 신뢰가 쌓인다. 변화가 빠른 시대와 경쟁이 치열한 시장 속에서도 '고객의 니즈를 섬세하게 읽어내는 능력'만큼은 변치 않는 경영의 뿌리이자 궁극적인 경쟁력이다.

고객을 적극형, 신중형, 감정형, 분석형으로 구분해보자. 진짜 니즈를 알기 위해서는 올바른 질문과 유형별로 다른 접근이 필요하다.

적극형 고객은 말이 많고 자기주장이 강하다. 이런 고객에게는 경청하는 자세가 중요하다. "네, 맞아요", "그렇겠네요", "많이 서운하셨겠네요" 같은 맞장구를 쳐주며 이야기를 들어준다. 중간에 끊거나 반박하지 않아야 한다. 충분히 말하게 한 후에 요약해서 확인한다. "말씀을 들어보니 ○○이 가장 중요하군요", "저도 충분히 공감합니다"

신중형 고객은 말이 적고 결정을 잘 내리지 않는 편이다. 이런 고객에게는 구체적인 정보 제공이 필요하다. "이 상품의 특징은 ○○이고, 장점은 ○○입니다" 같은 팩트를 제시하고, 선택지를 줄여서 결정을 도와준다. "A와 B 중에서는 어떤 게 더 마음에 드세요?"

감정형 고객은 기분과 느낌을 중시한다. 이런 고객에게는 공감과 인정이 중요하다. "그런 기분 충분히 이해해요", "정말 속상하셨겠어요" 같은 감정적 반응을 보여주면서 논리보다는 감정에 호소한다. "이걸 사용하시면 기분이 훨씬 좋아질 거예요."

분석형 고객은 데이터와 근거를 중시한다. 이런 고객에게는 구체적인 수치와 증거가 필요하다. "이 제품은 95%의 고객이 만족했고, 평점이 4.8점입니다" 같은 객관적 정보를 제시한다. 비교 분석도 도움이 된다. "A는 ○○한 장점이, B는 ○○한 장점이 있습니다"

필자의 테라피숍 운영 경험으로 쌓은 효과적인 질문 기법을 소개하면 다음과 같다.

첫째, **오픈 질문으로 시작한다.** "어디가 가장 불편하세요?" 같은 열린 질문으로 고객이 자유롭게 말할 수 있게 한다. "어깨가 아파요"라고 답하면 "언제부터 아프기 시작하셨어요?", "어떤 상황에서 더 아프세요?" 같은 구체적 질문을 이어 간다.

둘째, **확인 질문을 사용한다.** 고객의 말을 정확히 이해했는지 확인하는 질문이다. "말씀 들어보니 주로 목과 어깨 연결 부위가 뻐근하고, 특히 오후에 더 심해지시는군요. 맞나요?" 이런 식으로 확인하면 고객도 자신의 니즈를 더 명확히 인식한다.

셋째, **가정 질문을 활용한다.** "만약에 이 문제가 완전히 해결되면 가장 하고 싶은 일이 뭐예요?" 같은 질문으로 고객의 진짜 바람을 파악한다. "골프를 다시 치고 싶어요"라고 답하면 골프에 필요한 부분을 중심으로 서비스 계획을 세운다.

넷째, 감정 질문도 중요하다. "지금 이 상태 때문에 어떤 기분이세요?", "가장 스트레스를 받는 순간은 언제인가요?" 고객의 감정적 니즈를 파악하면 더 깊이 있는 서비스가 가능하다.

경청의 기술도 중요하다. 고객이 말할 때는 온전히 집중한다. 스마트폰을 보거나 다른 일을 하지 않는다. 고객과 눈을 맞추면서 고개를 끄덕이며 관심을 표현한다. "그렇군요", "힘들었겠어요" 같은 반응으로 공감을 표시한다.

비언어적 신호도 놓치지 않는다. 고객의 표정, 목소리 톤, 몸짓을 관찰한다. "괜찮다"라고 말하면서도 표정이 어두우면 "정말 괜찮으세요? 뭔가 불편하신 것 같은데요"라고 재차 물어본다. 때로는 말보다 몸짓이 더 정확한 신호를 준다.

고객의 라이프 스타일도 파악한다. 직업, 취미, 생활 패턴 등을 알면 고객의 니즈를 더 잘 이해할 수 있다. 컴퓨터 작업을 많이 하는 고객은 목과 어깨가 문제이고, 운동을 좋아하는 고객은 근육 통증과 피로가 주된 고민이다. 육아맘은 허리와 손목이 아프고, 서비스업 종사자는 발과 다리가 피곤하고 붓는다.

니즈 파악 후에는 맞춤 솔루션을 제시한다. "직업 특성상 목과 어깨가 많이 뭉치셨네요. 오늘은 상체 중심으로 집중 관리해드릴게요. 그리고 사무실에서 할 수 있는 간단한 스트레칭도 알려드릴게요." 그러면 고객은 여기는 정말 나에게 진심이라고 느낀다.

이처럼 세심한 니즈 파악과 맞춤형 서비스가 고객과의 신뢰를 쌓는 첫걸음이다. 고객은 단순한 소비자를 넘어 진정한 동반자로 대우받는다는 느낌을 받으며, 이는 재방문과 장기적인 관계로 이어지는 가장 확실한 방법이다.

재방문율 80% 만드는 고객 관리 시스템

재방문율 80%, 10명 중 8명이 다시 온다는 것은 소상공인에게 결코 쉬운 일이 아니다. 어떻게 이런 높은 재방문율을 달성할 수 있을까? 일단은 실력이 좋아야 하고, 그다음은 고객과의 진심 어린 소통의 필요하다.

매장을 연 초창기에는 문자 서비스를 적극 활용한다. 명절, 휴무일, 새해 인사 등 고객에게 전할 중요한 소식을 매달 빠짐없이 꼼꼼히 전달한다. 고객의 번호와 이름만 저장하면 수백에서 수천 명의 고객을 한 번에 효율적으로 관리할 수 있는 대량문자 프로그램 덕분에 반복적인 안내도 편리하게 할 수 있다. 이러한 정기적인 소통과 진심 어린 메시지는 고객의 마음을 움직이고, 신뢰를 쌓는 든든한 기반이 된다.

오랜 시간이 지나도 변하지 않는 경영의 기본 원칙은 '고객을 반드시 기억하는 것'과 '대화의 끈을 놓지 않는 것'이다. 이렇게 기본에 충실하며 고객과 꾸준히 소통하는 자세가 결국 오래도록 사랑받고 신뢰받는 비결이다.

재방문율 80%를 만드는 고객 관리 비결은 어렵거나 복잡하지 않다. 먼저 직원 교육과 팀워크가 중요하다. 모든 직원이 꼭 A급일 필요는 없다. 각자의 역할에 따라 조화를 이루고 서로 단합하는 분위기가 강점이 된다. 직원 사이에 흉을 보거나 감정적 대립이 생기면 매장의 분위기는 금세 흐트러진다. 선배 직원이 주도적으로 긍정 에너지를 퍼뜨리는 문화야말로 높은 재방문율을 유지할 수 있는 기초가 된다.

그리고 마케팅과 이벤트로 '우리 매장만의 특별한 이유'를 만들어야 한다. 패밀리 레스토랑처럼 새롭고 신선한 추첨 이벤트를 열거나 한 달에 한 번 서비스 쿠폰을 제공하는 것만으로도 고객의 기대와 즐거움을 동시에 충족할 수 있다.

구체적인 전략을 살펴보자. 첫 방문 고객에게 포인트를 넉넉히 적립해 주는 제도, 임산부나 경찰관, 소방관, 학생 등 특수 고객을 위한 맞춤 혜택, 매월 VIP 멤버십 쿠폰 제공 등이 모두 단골고객의 주기적인 재방문을 앞당긴다. 온라인에서는 카카오톡 플친, 인스타그램, 당근마켓에서 이벤트를 꾸준히 열어 하루 수십 명의 신규 고객 데이터를 쌓고, 이를 기반으로 쿠폰을 주기적으로 안내한다. 고객 DB를 지속적으로 관리하며 '기억에 남는 혜택'을 만드는 것이 재방문율 증대에 결정적 역할을 한다.

단골고객을 만들기는 하루아침에 이루어지는 일이 아니다. 매일매일의 작은 노력이 쌓여 큰 결과를 만든다. 한 명 한 명을 소중히 여기

열매 맺기: 고객의 마음을 사로잡는 현장의 기술

며, 그들의 니즈를 파악하고, 기대를 뛰어넘는 서비스와 진심을 전달할 때만이 단골고객이 탄생한다. 그런 마음이 전달될 때 고객은 단골을 뛰어넘어 우리 매장의 팬이 된다.

여기에서 소개한 모든 이야기는 소상공인 현장 원칙이자 성공을 위한 행동 지침이다. 진심과 실력 그리고 세심한 관리와 소통이 어우러졌을 때 점포는 언제나 살아남고 성장한다.

MZ 세대의 가치소비 트렌드, 브랜드 철학

MZ 세대(밀레니얼 + Z 세대)의 소비 방식은 완전히 달라졌다. 이제 소비는 단순한 구매 행위가 아니라 나의 가치관과 라이프 스타일을 드러내는 수단이 되었다. '이 브랜드를 선택하는 것이 곧 나의 정체성을 보여주는 것'이라는 인식이 강하다. 예전에는 '어떤 브랜드의 제품을 가질 것인가?'를 고민했다면, 지금 MZ 세대에게는 '이걸 사면 어떤 경험을 할 수 있을까?'가 더 중요해졌다.

- 이 브랜드가 나의 라이프 스타일과 어울릴까?
- 이것을 소비하면 더 나은 사람이 되는 느낌이 들까?
- 이 브랜드는 사회적으로 선한 영향을 미치는 걸까?

본인이 제품을 소비하면서 느낄 수 있는 감성적 경험이 중요한 요소가 된 것이다. 비건이 유행하는 것도 가치소비 중심으로 변화하는 일종의 트렌드다. 천연오일과 친환경 성분을 강조해 비건 시장을 겨냥한 뷰티업계의 프리미엄 브랜딩 전략은 고가 정책에도 불구하고 신뢰와 선호도를 높여 매출 향상으로 이어지는 사례가 늘고 있다. 단순한 원가 절감을 넘어 환경과 건강을 중시하는 소비 트렌드를 겨냥한 투자가 곧 브랜드 가치와 매출 상승으로 돌아온다.

업종의 특성마다 다르지만, 공통적으로 '짧고 명확한 메시지, 공감 코드, 실시간 트렌드 반영'이 핵심이다.

창업 성공을 좌우하는 세 가지 기본을 살펴보면 다음과 같다.

첫째, 브랜드 철학을 명확히 해야 한다. 브랜드가 가진 고유의 철학을 명확하게 정립하는 것이 성공의 출발점이다. 단순히 제품을 판매하는 것에 그치지 않고, 친환경적인 소재 사용, 윤리적 생산 방식, 사회적 책임 등 브랜드가 진정으로 중요하게 여기는 가치를 중심으로 철학을 세워야 한다. 예를 들어 천연오일을 사용한 뷰티숍이라면 피부 건강뿐 아니라 지구를 보호하고 동물을 배려하는 책임감을 강조하는 식이다. 브랜드 철학이 명확하면 소비자들은 제품이 단순한 물건이 아니라 신념과 가치를 상징한다는 인식을 갖게 된다.

둘째, 감성적 연결을 강화하는 스토리텔링이 있어야 한다. 상품의 스펙이나 성분만 강조하는 데서 벗어나 '이 제품을 선택하는 것이 어떤 의미를 지니는가?'를 깊이 전달해야 한다. 예를 들어 비건 화장품을 선택함으로써 환경보호와 동물 복지를 실천할 수 있다는 메시지, 소외된 이웃을 돕는 사회적 가치 창출 등 소비자가 브랜드를 통해 자신의 신념을 표현할 수 있게 해준다. 브랜드의 창업 동기, 지속 가능한 경영 철학, 제품에 담긴 사연 등 내면적 이야기가 진정성 있게 전달될 때 고객은 일방적 광고가 아닌 '공감'의 연결 고리를 느끼게 된다.

셋째, 제품 가치의 실제 경험을 제공해야 한다. 단순 구매를 넘어 이벤트, 커뮤니티 활동, 참여형 캠페인 등을 통해 고객이 브랜드의 가치를 몸소 느낄 수 있도록 만든다. 친환경 소재를 활용한 제품 제작 워크숍, 비건 캠페인 참여를 통한 사회적 공헌, 고객이 직접 브랜드 활동에 참여할 수 있는 멤버십 제도 등 다양한 체험형 마케팅을 적극 도입한다. 이러한 프로그램은 소비자들이 브랜드와 '같은 가치를 공유하는 커뮤니티 멤버'로서 소속감을 느끼게 하고, 스스로 브랜드의 가치 전파자가 되도록 만든다.

고객 경험과 라이프 스타일 맞춤 솔루션을 통해 감성적 유대감을 강화하는 것, 이것이 브랜드 충성도와 재방문율을 높이는 핵심 전략이다.

Chapter 08

불만 고객을
평생 고객으로

처음 창업했을 때는 고객이 불만을 표현하면 마음이 상하고 당황스럽다. 하지만 시간이 지나면서 깨닫게 된다. 불만을 표현하는 고객이야말로 창업자 자신에게 성장할 기회를 주는 소중한 존재라는 것을. 잘못 대응하면 그 고객을 영원히 잃지만, 잘 대응하면 평생 팬으로 만들 수 있다는 것을.

한국소비자보호원 자료에 따르면, 불만을 경험한 고객 중 70%는 아무 말도 하지 않고 떠난다. 단지 30%만이 불만을 표현한다. 즉 불만을 말하는 고객은 우리에게 기회를 주는 것이다. "한 번 더 믿어보겠다"라는 신호다. 이 신호를 놓치면 안 된다. 이 기회를 잘 활용하면 그 고객은 가장 충성도 높은 팬이 된다.

불만 처리도 하나의 기술이다. 감정적으로 대응하면 안 되고, 체계적으로 접근해야 한다. 무엇보다 고객의 감정을 이해하고 공감하는 것이 우선이다. 그 후에 문제를 해결하고, 재발 방지책을 마련하며, 관계를 회복해야 한다.

클레임은 기회다: 불만 처리 골든타임과 대응 원칙

허쉬(Hush) 브랜드의 창업자 에런과 리올은 '가중이불'로 이불 시장에 도전했다. 사업을 시작한 직후 여름철에 판매가 현저히 줄어드는 벽에 부딪혔다. 하지만 이들은 위기를 성장의 기회로 삼았다. 바로 직접 고객과 소통하는 방식을 택했다. 제품을 사용한 고객 모두에게 직접 전화를 걸고 이메일을 보내며 구매에 망설이는 이유를 물었다. "겨울엔 좋지만 여름엔 덥다"라는 반복적인 피드백을 접했다. 이를 계기로 여름철에도 사용할 수 있는 제품이 필요하다는 고객의 숨겨진 요구를 발견했고, 냉감 특성이 있는 아이스 패브릭을 적용한 신제품을 출시하면서 계절의 한계를 뛰어넘었다.

허쉬의 전략은 빠른 실행력, 직접적인 고객 소통, 문제 중심의 제품 개발이 핵심이다. 이러한 경영법은 대기업만의 것이 아니다. 오히려 소규모 사업에서 더욱 민첩하게 적용할 수 있다.

소상공인 사업에도 중요한 시사점을 던진다. 고객과 진심으로 대화하고, 작은 의견에도 귀 기울이는 자세가 성공의 밑바탕이 된다. 새로운 제품이나 서비스를 선보일 때는 가까운 사람보다 객관적으로 의견을 나눌 수 있는 외부 손님에게 솔직한 피드백을 받아야 한다. 익숙한 관계에서는 본심을 말하지 못할 수 있기 때문이다.

불만 처리에는 골든타임이 있다. 한국소비자보호원 조사에 따르면, 불만 발생 후 1시간 이내에 대응하면 고객 만족도가 85%까지 회복된다. 하지만 24시간이 지나면 40%로 떨어지고, 1주일이 지나면 15%에 불과하다. 빠른 대응이 얼마나 중요한지 보여주는 데이터다.

최근 공중파 방송을 통해 고객을 홀대하는 사례가 자주 이슈가 된다. 혼자 식당에 들어가 2인분을 주문했는데도 빨리 먹고 나가라는 압박을 받거나, 음식 재활용 의심을 받는 상황이 현실에서 흔히 목격된다. 일부 식당에서는 손님이 나간 후 마른반찬인 김, 콩, 깻잎 등 손이 잘 가지 않는 것들만 따로 빼기도 한다. 작은 서비스 문제 하나가 폐업으로 이어질 수 있다는 것을 늘 인지하고 있어야 한다.

성공적인 불만 처리를 위한 5단계 프로세스는 다음과 같다.

첫 번째, 즉시 인정하고 사과하라. 고객이 불편을 표출할 때 "죄송합니다. 불편을 끼쳐 정말 죄송합니다"라는 말이 가장 우선이다. 변명이나 해명은 나중에 해야 한다. 고객의 감정을 우선 인정하는 것이 감정 해소의 출발점이다.

두 번째, 끝까지 경청하고 공감하라. 중간에 말을 끊거나 반박하지 말고 "정말 화가 나셨을 텐데요", "얼마나 기분이 나쁘셨을까요"와 같은 공감의 언어를 사용해야 한다. 고객은 자신의 감정이 인정받았다고 느껴야 마음의 문을 연다.

세 번째, 문제의 본질을 정확히 파악하고 신속히 해결책을 제시하라. 고객의 감정이 다소 진정되면 "어떤 부분이 가장 불편하셨나요?", "언제부터 이런 문제가 있었나요?"와 같이 구체적인 문제를 깊이 이해한다. 그 후 적절한 조치를 마련해 문제 해결을 약속한다.

네 번째, 적절한 보상과 제도 개선을 제공하라. 할인, 무료 서비스, 추가 혜택 등은 고객의 마음을 달래고 재방문 의지를 높이는 수단이 된다. 동일한 문제의 재발 방지를 위한 체계적인 개선책도 반드시 시행해야 신뢰를 회복할 수 있다.

다섯 번째, 사후 관리를 철저히 하라. 문제 해결 이후에도 며칠 후 직접 전화나 문자로 "그 후로는 불편한 점이 없으신가요?"라고 확인하며 지속적인 관심을 보인다. 그러한 진심 어린 배려는 고객과의 긍정적 관계 형성에 도움이 된다.

불만 처리에서 가장 어려운 점은 감정 관리다. 고객이 화를 내도 침착함을 유지해야 한다. "이해합니다. 화가 나실 만합니다. 어떻게 도와드릴까요?"와 같이 문제 해결에 집중하는 문구를 사용하는 것이 바람직하다.

필자가 운영하는 테라피숍에서 고객의 불만이 담긴 전화를 받았는데, 고객은 마사지 받은 후 목이 경직되어 잘 돌리지 못하는 상태였지만, 담당 직원은 자신의 과실을 인정하지 않고 부인하는 태도를 보여 고객의 감정을 악화시켰다. 필자가 고객에게 마사지를 받다가 몸에 힘을 주면 근육과 신경이 일시적으로 경직되는 관계를 설명하면서 증상이 심할 경우 즉시 병원 진료가 필요함을 알리고 병원비 및 서비스 환불 보장도 약속했다. 저 역시 그런 경험이 있어서 병원에 갔는데 바로 호전되었다고 알려드렸더니 다음 날 바로 뭉친 곳이 풀렸다고 연락주셔서 지금까지 손님으로 오고 있다. 이 경험은 클레임 대응에서 현장 지식과 공감이 얼마나 중요한지 보여주는 사례다.

요식업계에서도 식중독, 장염, 노로바이러스 등의 사고가 잇따라 발생하는데, 안일한 대응이 큰 문제로 대두되고 있다. 사업주는 문제를 은폐하거나 발뺌하기보다 즉시 사과하고 빠르게 대처하는 태도가 필수적이다. 진상 고객을 마주해 당황할 수 있으나 무례함에 감정적으로 대응하면 피해가 커진다. 온라인상의 폭로는 사업에 치명적 영향을 줄 수 있으므로 더욱 신중해야 한다.

불만 처리 시 절대 피해야 할 언어는 "그건 저희 잘못이 아닙니다", "원래 그런 겁니다", "다른 고객은 불만이 없습니다"와 같은 변명과 폄하다. 대신 "불편을 끼쳐 죄송합니다", "어떻게 하면 도움이 될까요?"와 같은 해결 중심의 대화로 문제를 풀어나가야 한다.

성공적인 고객 불만 처리의 핵심은 즉각적인 인정과 사과, 진심 어린 경청과 공감, 정확한 문제 파악과 신속한 해결, 적절한 보상 및 개선 그리고 사후 관리에 있다. 무엇보다 감정 관리가 중요하며, 고객과의 신뢰를 회복하고 유지하기 위한 전문가다운 태도가 필수다. 이러한 원칙을 충실히 따르면 부정적인 경험을 오히려 고객과의 신뢰를 높이고 관계를 강화하는 기회로 바꿀 수 있다.

진상 고객 대처법: 감정노동 관리와 현명한 대응

"우기는 데 장사 없다."

오죽하면 이런 말이 나오겠는가. 모든 고객이 합리적이지는 않다. 때로는 과도한 요구를 하거나 폭언을 하는 고객도 있다. 이른바 '진상 고객'이다. 이런 고객을 만나면 감정노동이 극심하다. 하지만 중요한 것은 정신 건강을 지키면서도 전문적으로 대응하는 것이다. 무조건적으로 고객의 요구를 들어주는 게 고객 만족이 아니다.

진상 고객 대응 5단계 원칙을 소개하면 다음과 같다.

첫 번째, 즉각 응답하지 말고 적극적으로 경청하라. 고객이 잘못 알고 있든, 거짓 주장이든 "그건 안 돼요"라고 바로 말하고 싶겠지만, 인내심을 갖고 고객의 입장을 파악해야 한다. 빠른 문제 해결을 위해서는 즉각적인 답변보다 적극적인 경청이 중요하다.

두 번째, 침착함을 유지하고 나의 입장을 즉각 노출하지 마라. 우기고 떼쓰는 사람들 특징은 본인이 원하는 걸 얻기 위해 문제를 키우고 빌미를 잡아 업체가 잘못했다고 요구하는 경우가 많다. 절대 빌미를 제공해 공격의 대상자가 되지 않아야 한다. 깊게 한숨을 쉬거나 당황한 기색을 보이는 등 감정이 드러나는 표정이나 제스처는 삼가야 한다. "고객님 무슨 문제 때문에 그러시는 건가요?" 조심스럽게 묻되 반복되는 말에 대해서는 차분하게 대응하며 상황을 침착하게 정리하는

데 집중하자.

세 번째, 고객을 탓하지 마라. "그건 고객님이 하셨어야 해요"나 "이건 이렇게 해야 했는데요"처럼 고객의 잘못을 지적하지 말자. 고객과 잘잘못을 따지는 것이 아니라 앞으로 어떻게 도울 수 있을지에 대한 검토에 집중해야 한다. 고객의 오해나 착오가 있더라도 이를 문제 삼기보다 현재와 미래에 도움을 줄 방안에 힘쓰는 것이 중요하다.

네 번째, 대안 또는 옵션을 마련하라. 요구사항을 무조건 들어줄 순 없지만, 고객이 의사결정할 수 있는 순간을 제공하는 것도 중요하다. "안 돼요, 할 수 없어요"라는 것은 고객 입장에서 무책임하고 무성의하다. "고객님, 제가 도움이 되고 싶어서 여러 가지로 확인해 보았는데요. 이 부분은 어렵지만 이건 가능하다고 확인했습니다. 이 방법은 어떠세요?"라고 말하며 고객이 스스로 선택할 수 있는 기회를 주자.

다섯 번째, 협상이 어려운 고객에게는 한계와 이유를 명확히 설명하라. 사전에 안내된 사항에 따라 처리 불가능한 부분을 알린다. 그래도 대화가 어렵다면 부서장 등 중립적 제3자에게 응대를 전환하자. 3회 이상 반복되는 무리한 요구는 응대 종료나 전환이 필요하며, 전환 시 책임자는 직원과 같은 답변임을 분명히 해 단호하게 거절해야 한다. 절차를 지키고 직원 보호에 힘쓰며 당당하게 원칙을 지키는 것이 중요하다.

감정노동 관리 방법도 중요하다. 한 커피 프랜차이즈에서는 이런 방법을 사용한다.

첫째, 힘든 고객을 상대한 후에는 동료들과 이야기를 나눈다. "오늘 정말 힘들었지?", "잘 참았어" 같은 위로와 격려를 해준다. 혼자 끙끙 앓지 않고 털어놓는다.

둘째, 휴식 시간을 충분히 갖는다. 연속으로 고객을 상대하지 않고 중간에 차를 마시거나 스트레칭을 하며 마음을 진정시킨다.

셋째, 긍정적인 고객을 생각한다. 진상 고객만 있는 것이 아니다. 고마워하며 칭찬하는 고객도 많다. 그런 고객들을 생각하며 마음을 다잡는다.

넷째, 전문성을 인정해준다. "어려운 고객도 잘 대응했다"라는 것은 전문성의 증거다. 이런 경험이 쌓여 더 나은 서비스 전문가가 된다.

<단계별 감정노동 관리 방법>

단계	핵심 원칙	구체적 행동 방법	주의사항
1단계	즉각 반응하지 말고 경청	고객의 말을 끝까지 듣고, 불만의 원인을 정확히 파악	반박하거나 변명하지 않기
2단계	감정을 숨기고 침착함 유지	차분한 목소리로 대응하고, 표정과 행동을 절제	당황하거나 한숨 쉬는 행동 피하기
3단계	고객 탓하지 않기	잘잘못보다 해결 방안에 집중	"그건 고객님이 하셨잖아요." 같은 말 금지
4단계	대한과 선택지 제시	불가능한 이유를 설명하고, 가능한 방법 제안	단순한 거절보다 선택권 부여
5단계	한계와 절차 명확히 구분	정책 범위 내에서 처리하고, 필요하면 상급자에게 전환	3회 이상 반복 요구시 단호하게 종료

다섯째, **명확한 경계를 설정한다.** 인격모독이나 폭언, 성희롱 등은 절대 참지 않는다. "고객이시지만 이런 말씀은 하면 안 됩니다"라고 단호히 말한다. 존중받을 권리는 직원에게도 있다.

극단적인 경우에는 서비스를 거부할 수도 있다. 다른 고객에게 피해를 주거나 직원의 인격을 모독하는 고객에게는 정중히 퇴장을 요청한다. "죄송하지만 다른 고객에게 피해가 되므로 오늘은 서비스를 중단하겠습니다" 고객이 왕이라고 해서 모든 것을 참을 필요는 없다.

불만의 원인이 설득력이 부족하거나 과도한 요구일 경우에는 명확한 설명과 함께 적절한 선에서 선을 긋는 태도가 필요하다. 이것이야말로 고객과의 신뢰 관계를 유지하면서도 사업 운영에 부담을 주지 않는 현명한 대응이다.

사과와 보상의 적정선 찾기

불만 처리에서 가장 어려운 것이 사과와 보상의 수준을 정하는 것이다. 너무 적으면 고객이 만족하지 않고, 너무 많으면 경영에 부담이 된다. 또한 무분별한 보상은 다른 고객들에게 불공평하다는 인식을 줄 수 있다. 따라서 적정한 선을 찾는 것이 중요하다.

미국의 급성장 미디어 기업 네이버후드 커뮤니케이션스 CEO 데이

비드 듀란드는 영업사원부터 CEO, 교사, 주부까지 10만 명 이상을 대상으로 소통과 관계 개선 트레이닝을 진행했다. 그는 강연과 코칭, 저서를 통해 직장과 개인의 삶을 변화시키는 현실적인 대화법을 제시한다. 그가 제시한 올바른 사과의 3단계는 첫 번째, 진심으로 미안해하는 마음을 표현한다. 형식적인 표현이 아니라 마음 깊이 우러나는 진정성이 담겨야 한다. 두 번째, 자신의 잘못에 대한 책임을 솔직하고 명확하게 인정한다. 변명이나 핑계는 사과의 효과를 무색하게 한다. 세 번째, 앞으로 이런 일이 다시 발생하지 않도록 확신을 심어준다. "앞으로는 더욱 주의하겠습니다"라는 약속이 이에 해당한다.

일반적인 사과에도 단계가 있다. 첫 번째는 기본적인 "죄송합니다"로 가벼운 실수나 사소한 문제에 적절하다. 두 번째는 "정말 죄송합니다. 저희 실수입니다"로 책임을 인정하는 수준이다. 세 번째는 "깊이 사과드립니다. 앞으로 이런 일이 없도록 하겠습니다"로 개선 약속을 포함하며, 서비스 하자나 중대한 실수에 적합하다. 네 번째는 서면 사과나 공식 사과로, 법적 문제나 심각한 피해 발생 시 필요하다.

보상의 종류도 다양하다. 금전적 보상(환불, 할인, 포인트 적립), 서비스 보상(무료 추가 서비스, 업그레이드, 우선 예약), 물품 보상(작은 선물, 쿠폰, 상품), 감정적 보상(진심 어린 사과, 특별한 관심, 개인적 배려) 등이 있다.

보상의 원칙을 정해보자. 첫째, 피해 수준에 비례해야 한다. 작은 불편에 큰 보상을 하면 형평성에 문제가 생긴다. 둘째, 신속해야 한다. 시간이 지날수록 보상의 효과는 줄어든다. 셋째, 의미가 있어야 한다. 고객에게 도움이 되는 보상이어야 한다. 넷째, 경영에 무리가 없어야 한다. 지속 가능한 수준이어야 한다.

문제의 경중에 따른 보상 수준을 살펴보자. 경미한 불편(대기 시간 지연, 서비스 설명 부족)은 차나 간식 제공, 다음 방문 시 소액 할인 등으로 대응한다. 중간 수준의 문제(서비스 품질 저하, 예약 착오)는 해당 서비스 무료 제공, 추가 서비스 제공 등으로 대응한다. 심각한 문제(고객 안전 위험, 개인정보 유출)는 전액 환불, 무료 서비스 여러 회 제공, 공식 사과 등으로 대응한다.

보상을 제공할 때는 고객의 성향도 고려한다. 실용적인 고객에게는 할인이나 무료 서비스를, 감정적인 고객에게는 진심 어린 사과와 관심을, 지위를 중시하는 고객에게는 VIP 대우를 제공한다.

보상의 타이밍도 중요하다. 고객이 요구하기 전에 먼저 제안하는 것이 효과적이다. "불편을 드린 것에 대한 저희 마음입니다"라고 하며 자발적으로 보상을 제공하면 고객의 감동이 크다.

보상을 거부하는 고객도 있다. "괜찮습니다", "그냥 주의만 하세요"라고 하는 고객들이다. 이런 고객에게는 억지로 보상을 강요하지 않는다. 대신 "정말 감사합니다. 앞으로 더욱 주의하겠습니다"라고 진심으로 고마워한다. 그리고 다음 방문 시 특별한 관심을 보인다.

과도한 보상을 요구하는 고객도 있다. 이런 경우에는 명확한 기준을 제시한다. "이런 경우 저희 규정으로는 이 정도가 적정합니다"라고 설명한다. 절대 감정적으로 대응하지 않고, 객관적 기준에 따라 일관성 있게 대응한다.

한 음식점은 음식이 짜다는 고객에게 "원래 이 정도예요"라고 하며 보상을 거부했다. 고객은 화가 나서 나가버렸고, 온라인에 악평을 올렸다. 작은 할인이나 사이드 메뉴 하나면 해결될 일이었는데, 결국 잘못된 대응으로 더 큰 손해를 봤다.

반대로 보상으로 성공한 사례도 있다. 한 카페에서 고객이 "커피가 미지근하다"라고 했다. 직원은 즉시 "죄송합니다. 다시 만들어드릴게요"라고 하며 새 커피를 제공했다. 그리고 "기다리는 동안 드세요"라며 작은 쿠키도 함께 드렸다. 고객은 감동해서 단골이 되었고, 지인들에게 그 카페를 추천했다.

보상 후 사후 관리도 중요하다. 보상을 제공한 후에도 지속적으로 관심을 보인다. "지난번 일 이후 어떠세요?", "불편한 점은 없으신가요?" 보상이 끝이 아니라 관계 회복의 시작이라는 것을 보여준다.

이처럼 소상공인은 보상 수준과 방법을 상황과 고객에 맞게 조절하며, 적극적이고 일관된 대응으로 고객의 신뢰도를 높여야 한다.

SNS 악평 관리와
평판 회복 전략

디지털 시대에는 고객의 불만이 온라인으로 표출된다. 네이버 리뷰, 구글 리뷰, 페이스북, 인스타그램 등에 악평이 올라오면 전 세계 사람들이 볼 수 있다. 한 줄의 악평이 수십 명의 잠재고객을 잃게 만들 수 있다. 온라인 평판 관리는 선택이 아닌 필수다.

SNS 악평은 전파 속도가 빠르고 한 번 올라온 악평은 순식간에 퍼진다. 또한 지속성이 강하며 온라인에 올라간 내용은 반영구적으로 남는다. 아울러 감정적으로 화가 난 상태에서 쓴 글은 과장되거나 왜곡될 수 있으며, 업체의 입장을 설명할 기회가 제한적이다.

SNS 악평에 대응하는 4가지 원칙이 있다. 첫째, 빠르게 대응한다. 악평이 올라오면 24시간 이내에 답변한다. 시간이 지날수록 상황은 악화된다. 둘째, 공개적으로 사과하되, 구체적인 해결은 비공개로 한다. "죄송합니다. 개별적으로 연락드리겠습니다"라고 한 후 직접 연락한다. 셋째, 감정적으로 대응하지 않는다. 억울해도 참고 전문적으로 대응한다. 넷째, 사실 확인을 철저히 한다. 무작정 사과하기보다는 정확한 상황을 파악한다.

실제 SNS 악평 대응 사례를 보자. 한 고객이 페이스북에 "직원이 불친절해서 다시는 안 간다"라는 악평을 올렸다. 즉시 댓글로 "죄송합니다. 불편을 끼쳐서 정말 죄송합니다. 개별적으로 연락드려 자세한 이야기를 듣겠습니다"라고 답변했다. 알고 보니 그날 직원이 개인적인 문제로 컨디션이 좋지 않았던 것이 원인이었다. 진심으로 사과하고 무료 서비스를 제공했더니 고객은 만족했고, 나중에 페이스북 글을 삭제했다. 오히려 "직원분이 사과하러 직접 전화를 주셨다. 정말 성의 있는 곳이다"라는 좋은 후기를 다시 올려주었다.

악평에 대응할 때 지켜야 할 원칙이 있다. 첫째, 고객을 비난하지 않는다. 아무리 고객이 잘못했어도 공개적으로 지적하지 않는다. 둘째, 구체적인 개인정보를 언급하지 않는다. 개인정보 침해가 될 수 있다.

셋째, 다른 고객을 끌어들이지 않는다. 다른 고객들은 만족한다는 식의 표현은 피한다. 넷째, 짧고 명확하게 답변한다. 장황한 설명은 변명으로만 받아들여질 수 있다.

악평을 예방하는 것도 중요하다. 서비스 품질을 일정하게 유지하고 일관된 서비스로 악평을 막는 것이 가장 좋은 방법이다. 또한 사전에 충분히 설명하고 서비스 과정, 소요 시간, 주의사항 등을 미리 알려준다. 아울러 고객의 피드백을 적극 수렴해서 불만이 쌓이기 전에 미리 해결한다. 그리고 직원에게 예절 교육과 고객 응대 상황법을 알려주어 모든 직원이 일관된 서비스를 제공할 수 있도록 한다. 한 식당 사장님은 매뉴얼을 만들어 직원이나 아르바이트를 채용할 때 다 외우도록 체크한 후에 고객의 매장 방문부터 마지막 배웅까지 예의를 지킬 수 있도록 교육시킨다. 그래서 SNS에 재방문 의사와 함께 매장의 신뢰와 평판을 높여주는 호평이 자주 올라와 매출이 높게 유지된다.

평판 회복 전략도 필요하다. 악평이 올라왔다고 해서 끝이 아니므로 적극적인 평판 관리로 이미지를 회복할 수 있다. 먼저 좋은 리뷰를 늘리기 위해 서비스에 만족한 고객에게 리뷰 작성을 정중히 부탁한다. "오늘 서비스 어떠셨어요? (만족 여부를 확인 후) 괜찮으시다면 간단한 후기 하나 부탁드려요."

꾸준히 양질의 콘텐츠도 올린다. 전문적인 정보, 유용한 팁, 따뜻한 이야기 등을 정기적으로 게시하고, 고객과의 소통도 늘린다. 댓글에 답변하고, 메시지에 응답하며 친근한 이미지를 만드는 것이 중요하다.

온라인 평판 모니터링도 중요하다. 정기적으로 우리 가게에 대한 온라인 언급을 체크한다. 구글 알림, 네이버 알림 등을 설정해 실시간으로 확인할 수 있다. 문제가 발견되면 즉시 대응한다.

때로는 법적 대응도 필요하다. 명백한 허위 사실이나 악의적인 비방에는 법적 조치를 취할 수 있다. 하지만 이는 최후의 수단이다. 가능한 한 대화와 소통으로 해결하는 것이 좋다.

온라인 평판 관리는 지속적인 과정이다. 하루아침에 좋은 평판이 만들어지지 않는다. 매일매일 좋은 서비스를 제공하고, 고객과 소통하며, 신뢰를 쌓아야 한다. 그래야 한두 개의 악평이 전체 평판에 미치는 영향을 줄일 수 있다.

위기를 기회로: 첫 창업 마케팅

위기는 언제든 찾아온다. 하지만 진짜 중요한 것은 위기를 대하는 태도다. 같은 상황에서도 어떤 사업장은 무너지고, 어떤 사업장은 새로운 가능성을 찾아낸다. 오랜 시간 손님이 끊이지 않는 식당들의 공통점은 일관된 품질과 서비스 유지다. 매일 같은 맛을 지켜내는 꾸준한 준비와 철저한 관리가 고객의 신뢰를 만든다.

뷰티숍(헤어, 네일, 바디케어, 아로마, 피부관리) 창업 시 폐업 걱정 없이 성공할 수 있는 현실적인 3가지 방법이 있다. 이것은 단순한 이론이 아니라 필자가 실제 현장에서의 경험을 바탕으로 한 실전 전략이기도 하다.

현재도 1인 뷰티숍을 성공적으로 운영하며 월 500만 원에서 1,500만 원 이상의 순수익을 내는 원장님들이 적지 않다. 하지만 누구나 창업을 한다고 해서 성공하는 것은 아니다. 뷰티숍 창업의 현실은 생각보다 훨씬 냉정하며, 준비 없이 뛰어들면 대부분 실패로 끝난다.

첫 번째 전략은 처음부터 오프라인 매장을 크게 차리는 대신 '숍인숍' 구조로 시작하는 것이다. 거액을 들여 공간을 마련하기보다는 먼저 기술력을 쌓고 단골고객을 확보한 후에 독립된 매장을 준비하는 편이 훨씬 현명하다. 실력을 기반으로 시작하면 리스크를 줄이고 안정적인 수익 구조를 형성할 수 있다.

두 번째 전략은 잘 되는 뷰티숍을 벤치마킹하는 것이다. 단순한 감이나 취향에 의존해 창업을 준비하는 것은 위험하다. 네이버 플레이스에 등록된 상위 노출 뷰티숍들의 사진 구성, 메뉴 구성 방식, 인스타그램의 인기 피드 스타일 등을 세밀하게 분석해야 한다. 이미 검증된 운영 시스템을 파악하고 구조를 학습하면 시행착오를 최소화할 수 있다. 이 과정은 단순한 모방이 아니라 데이터 기반의 창업 설계다. 숍인숍도 건물주에게 이야기하면 전대차계약서가 가능하므로 스마트플레이스에 등록이 가능하다. 창업 시 마케팅은 최소한의 예산으로 최대의 효과를 내는 것이 중요하다.

세 번째 전략은 고객 만족을 최우선 가치로 두는 것이다. 뷰티숍의 경쟁력은 결국 고객의 경험에서 나온다. 시술 기술보다 중요한 것은 고객이 받는 감정적 만족과 재방문 의사다. 고객 만족도가 높을수록 단골이 늘어나고, 이는 곧 매출 안정성과 직결된다. 진정성 있는 서비스와 체계적인 관리가 결국 브랜드의 신뢰를 만든다.

이 세 가지 전략은 화려한 마케팅 기법보다 현실적인 실행이 핵심이며, 경쟁 위기 속에 승승장구할 수 있는 실전 마케팅이다. 뷰티숍 창업의 성공은 규모나 인테리어가 아니라 준비 단계에서의 방향 설정과 실행력에 달려 있다는 것을 알아야 한다.

필자의 지인이 프랜차이즈 고깃집 창업을 고려하다 30년 경력의 식당 대표에게 현실적인 조언을 들었다. 식당업의 성공 확률이 10%도 되지 않는다며, 오픈과 폐업의 전 과정을 직접 체험해보라고 했다. 권리금 없는 매장을 찾아 1년간 최저 단가로 실무를 경험하라는 조언이었다. 정육, 식자재, 관리비, 공과금 등 실제 경영 흐름을 몸으로 익혀야 진짜 경영자가 될 수 있다는 것이다. 경험도 없이 고급 인테리어나 높은 임대료를 떠안는 것은 가장 큰 리스크라고 하였다. 필자도 뷰티숍 컨설팅을 하고 있는데, 일단은 숍인숍을 권하는 이유가 원장님들은 창업하면 고객이 바로 줄 서는 것으로 착각하기 때문이다. 결국은 1년도 유지하지 못하고 폐업하는 경우가 다반사다.

오늘날 소상공인이 틈새시장을 공략하는 핵심 키워드는 디지털 전환, 고객 참여, 공감 마케팅이다. 한 카페는 인스타그램 릴스에 매일 15초짜리 커피 추출 장면을 올린다. 특별한 장비나 전문 편집 없이도 '오늘의 원두향' 같은 짧은 스토리로 '커피에 진심인 곳'이라는 인식을 심는다. 한 미용실 원장은 블로그에 고객 헤어 변신 사례를 기록해 '이

분은 내 머리도 진심으로 관리해줄 것 같다'라는 신뢰를 얻었다. 큰 광고비 없이도 온라인 스토리의 힘을 활용할 수 있다.

고객 참여도 강력한 전략이다. 한 디저트 카페는 신메뉴 이름을 고객 설문으로 정했고, 고객들은 자신이 참여한 메뉴를 SNS에 자발적으로 홍보하며 '팬'이 되었다. 한 피부관리숍은 후기 이벤트로 체험담 공유를 유도해 1000명 이상의 신규 고객을 확보했다. 참여를 통한 경험은 자연스럽게 홍보로 이어진다.

"사람들은 제품을 사는 게 아니라 스토리를 산다"

애플 창업자 스티브 잡스의 말처럼 고객은 음식이나 서비스뿐 아니라 그 뒤의 이야기와 가치를 함께 구매한다.

한 토스트 가게는 변두리 논두렁에 '논명'이라는 독특한 콘셉트로 성공했다. 시골에 위치한 한 펜션은 '별 관찰 프로그램'을 운영해 도심에서 볼 수 없는 특별한 경험을 제공하며 가족 단위 방문객을 끌어모았다. 비싼 시내 상가만이 답은 아니다.

차별화된 서비스도 중요하다. 한 피부관리숍은 전 직원이 국가자격증과 10년 이상 경력을 보유해 전문가에게 제대로 관리받는다는 신뢰를 얻었다. 한 발마사지숍은 고객 앞에서 수건과 베드커버를 새것으로 교체하고, 관리 후 알코올로 베드를 소독하는 모습까지 보여주며 위생에 대한 신뢰를 구축했다.

직원 관리도 성공의 핵심 요소이다. 한 피부숍 사장은 매일 아침 출근하는 직원들에게 "출근해 주서서 감사합니다"라고 인사한다. 직원이 결근하면 "푹 쉬고 다음에 바쁠 때 더 도와주세요"라고 말하는 따뜻한 리더십으로 직원 신뢰를 얻었다. 소상공인에게 가장 강력한 브랜드는 사장 자신이다. 고객들은 가게 이름보다 사장님의 얼굴과 성품을 기억한다. 매 순간 정성을 다하고, 그 모습을 오프라인에 꾸준히 업로드를 하면 매출은 자연스럽게 올라갈 수밖에 없다.

Chapter 09

SNS 마케팅

"마케팅은 관계를 형성하고 지속할 수 있도록 인간의 문제를 이해하고 해결하는 과정이다."

예전에는 전단지를 돌리고 현수막을 걸면 손님이 왔다. 하지만 지금은 다르다. 고객들은 가게를 방문하기 전에 이미 스마트폰으로 리뷰를 확인하고, 인스타그램으로 분위기를 파악하며, 네이버 지도로 위치를 검색한다. 온라인에서 발견되지 않으면 존재하지 않는 것과 같다.

"우리 가게는 맛있는데 왜 손님이 없을까?", "SNS는 어렵고 복잡해 보여서 엄두가 안 난다", "SNS를 어떻게 써야 할지…. 과연 홍보가 될까?" 많은 소상공인이 이렇게 고민한다. 특히 SNS를 하면서 가장 어렵게 느끼는 부분은 무엇을 올려야 할지 모른다는 것이다. 인스타그램이나 블로그를 꾸준히 하지 못하는 이유도 결국 어떤 콘텐츠로 기획해야 할지 감을 잡지 못하기 때문이다.

그렇다고 방법이 없는 것은 아니니 크게 걱정할 필요는 없다. SNS 마케팅은 생각보다 어렵지 않다. 거창한 장비도, 전문 지식도 필요 없다. 스마트폰 하나와 열정만 있으면 충분하다.

Chat GPT와 퍼블렉시티(SK텔레콤 가입자 1년 무료) 같은 AI툴을 활용하여 홍보 콘텐츠를 작성할 수 있다. SNS 홍보글은 신메뉴, 이벤트, 계절 행사에 맞게 따뜻하거나 전문적, 유머러스한 톤으로 다양하게 쓸 수 있고, 블로그 글은 주제와 목차를 정해 독자의 흥미를 끌 수 있도록 작성한다. 또한 이벤트 기획은 아이디어, 컨셉, 일정, 마케팅 전략 수립까지 AI가 도와준다. 이처럼 Chat GPT는 제품 특성을 쉽게 정리하고, 다양한 온라인 채널에 맞춤형 홍보글을 효율적으로 만드는 데 큰 도움이 된다.

중요한 것은 있어 보이는 콘텐츠가 아니라 '진짜' 이야기다. 고객은 완벽하게 연출된 사진보다 진정성 있는 일상을 더 좋아한다. 매일 아침 빵을 굽는 모습, 식재료를 손질하는 과정, 단골고객과 나누는 따뜻한 대화 등 이런 평범한 순간들이 우리 가게만의 특별한 스토리가 된다.

인터넷은 정보를 찾는 수단을 넘어 새로운 일을 시작할 기회를 주고, 정보를 얻을 수 있으며, 수익을 창출할 수 있는 무한한 가능성의 장이 되었다. 유튜브, 인스타그램, 네이버 같은 플랫폼은 자신의 아이디어와 재능을 사업으로 발전시킬 수 있는 실질적인 무대가 되었다.

결국 이 시대를 제대로 활용하는 사람과 그렇지 못한 사람의 차이는 '인터넷을 어떻게 쓰느냐'에 달려 있다. 지금 우리가 가진 이 자원은 과거의 어떤 권력이나 부보다 강력하며, 그것을 먼저 이해하고 움직이는 사람들이 바로 이 시대의 진정한 선두주자다.

지금은 우리 인생에서 가장 축복받은 시대다. 이유는 단 하나, 인터넷이라는 거대한 자원을 누구나 자유롭게 활용할 수 있기 때문이다.

이 장에서는 네이버 스마트플레이스, 인스타그램, 유튜브, 당근마켓 등 소상공인에게 꼭 필요한 SNS 플랫폼을 실전 중심으로 어떻게 시작할지, 무엇을 올릴지, 어떻게 고객과 소통할지 구체적으로 설명한다.

미래는 준비하는 사람의 것이다. 아무런 부담 없이 오늘 당장 시작이 가능한 SNS 마케팅이야말로 소상공인들의 미래를 준비하는 씨앗이 될 것이다.

<SNS 채널별 비교>

채널명	주요 사용층	콘텐츠 특징	마케팅 장점	추천 업종
네이버 블로그	30~50대, 여성	글+사진, 정보성	신뢰도, 검색 노출	음식점, 서비스업
인스타그램	10~30대, 여성	사진/숏폼, 감성	브랜딩, 시각 홍보	카페, 뷰티, 소매
유튜브	전 연령층	영상, 재미, 전문성	파급력, 전문성	체험, 교육 노하우
당근마켓	지역 주민	지역/생활 정보	정확한 지역 타깃팅	동네 소매, 서비스

마케팅을 하지 않아도 되는 업종이 있을까?

가만히 아무것도 하지 않는데 저절로 홍보가 되어 장사가 잘되는 일은 일어나지 않는다. 요즘 소상공인들이 SNS를 하는 이유는 바로 그곳에 사람이 있기 때문이다. 가장 강력한 마케팅은 고객이 직접 하는 홍보다. 고객이 자발적으로 우리 가게를 친구들에게 추천하고, SNS에 올리며, 리뷰를 써주는 것이다. 이것을 '바이럴 마케팅(Viral Marketing)'이라고 한다.

각 플랫폼의 특징을 살펴보면, 네이버 블로그는 상세한 정보 제공이 가능해 장문의 글과 여러 이미지를 활용한 신뢰성 높은 콘텐츠 제작에 적합하다. 페이스북은 고객과의 소통, 커뮤니티 형성에 특화되어 브랜드 팬덤이나 단골고객 확보에 유리하다. 유튜브는 스토리텔링, 전문성, 신뢰도 구축을 원하는 소상공인에게 알맞은 영상 플랫폼이며, 틱톡은 짧고 재미있는 영상을 통해 빠르게 브랜드 인지도를 높일 수 있다.

최근 소상공인들 사이에서 당근마켓 같은 지역 기반 커뮤니티 시장도 큰 주목을 받고 있다. 중고 물품 거래 플랫폼처럼 보이지만 카테고리별로 수많은 상품과 아이디어가 연이어 등장하며, 단순한 판매를 넘어 다양한 방식으로 소비자와 접점이 확대되고 있다.

요즘 MZ 세대 대표들은 스마트해서 네이버에 검색 노출과 정보 제공, 예약과 상담 기능, 광고 및 프로모션 연동, 리뷰 관리까지 여러 방면으로 비용 부담 없는 마케팅 활동으로 효율적인 매장 운영과 고객 확보에 발 빠르게 움직이고 있다.

<고객 행동과 마케팅 활동>

단계	주요 고객 행동	매장·소상공인 마케팅 활동 예시
인지	업체 및 상품 인지	SNS 광고, 지역 전단지, 온오프라인 PR, 명함 배포
관심 및 탐색	정보 검색, 후기 탐색	블로그, 인스타그램, 카페 등 SNS 관리 및 응대
구매	매장 방문 및 구매	프로모션, 할인쿠폰, 간편 결제, 친절한 응대
재방문 및 충성	재구매 및 지인 추천	멤버십, 포인트 적립, 사은품, 후기 이벤트

자영업자의 약 80%는 MZ 세대가 숏폼(short-form) 콘텐츠를 기반으로 소비를 결정한다는 사실을 모르고 있다. 하지만 현재 소비 시장, 특히 젊은 세대의 구매 행태를 이해하기 위해서는 숏폼 콘텐츠에 대한 명확한 이해가 필수다.

오픈서베이가 2023년 발표한 '소셜미디어·검색포털 리포트'에 따르면, 전국 15세에서 59세 사이의 5천 명을 조사한 결과 응답자의 68.9%가 숏폼 콘텐츠를 시청한 경험이 있다고 답했다. 세대별로 보면 10대 85%, 20대 82.9%, 30대 73.9%로 연령이 낮을수록 시청 비율이 높았다. 젊은 세대일수록 숏폼 문화에 친숙하며, 새로운 소비 트렌드를 주도하고 있다는 뜻이다. 이는 숏폼이 단순한 유희를 넘어 실질적으로 생활과 소비 결정 과정에 영향을 미치고 있음을 의미한다.

한 뷰티 브랜드는 틱톡에서 약 15초 분량의 영상으로 제품 사용 전후의 변화를 강조하여 단시간 내 소비자 관심을 집중시켰고, 이는 곧 실제 구매로 연결되었다. 지역 음식점들은 숏츠와 릴스를 통해 음식의 비주얼, 지글거리는 소리, 늘어나는 치즈와 같은 감각적 요소를 활용해 소비자 방문 욕구를 효과적으로 자극하고 있다.

숏폼 콘텐츠는 소상공인에게도 효율적인 마케팅 도구로 진입 장벽이 낮고, 스마트폰과 간단한 편집 앱만 있으면 누구든 제작할 수 있다.

숏폼의 효과는 실제 데이터에서도 입증되었다. 한큐컴퍼니 조사에 따르면, 숏폼 콘텐츠 제작 교육을 이수한 소상공인 가운데 80% 이상이 온라인 판매 채널 확장에 성공했다. 카카오 클래스에 참여한 12개 지역 소상공인들은 숏폼 제작 역량을 확보함으로써 디지털 경쟁력을 강화하고 매출 상승 효과를 경험했다. 2025년 진행된 '소상공인365·공공데이터 숏폼 공모전' 역시 숏폼을 매출 증대와 브랜드 인지도 제고의 실질적 수단으로 활용한 다양한 성공 사례를 보여주었다.

"SNS는 어려워요", "젊은 사람들만 하는 거 아니에요?" 많은 소상공인의 반응이다. 하지만 SNS는 이제 선택이 아닌 필수다. 고객들은 SNS에서 정보를 찾고, 결정하며, 공유한다. SNS에 없다면 존재하지 않는 것과 마찬가지다. 체계적으로 접근하면 누구나 할 수 있다.

필자도 처음에는 SNS를 전혀 몰랐다. 소상공인 정부 지원 무료 컨설팅을 매년 신청하여 블로그, 페이스북, 인스타그램 등을 배웠고, 지금은 블로그 이웃 5,000명을 만들었다. 무엇보다 타깃 이웃 선정 시에는 내 글에 관심을 가질 만한 이웃을 선별하여 맺는 것이 중요하다. 단순히 이웃 수를 늘리기보다 댓글, 공감 등 활발한 교류를 통한 블로그 지수가 효과적이다.

또한 타깃층에 맞는 플랫폼을 선택하는 것이 중요하다. 뷰티숍 고객층이 주로 30~50대 여성이라면 인스타그램과 네이버 블로그 활용도가 높아 두 곳에 집중하는 전략이 적합하다. 인스타그램은 시각적 콘텐츠 중심으로 감각적인 사진과 전후 비교 사진 및 짧은 후기에 효과적이고, 네이버 블로그는 긴 글과 다수의 사진 활용이 가능해 시술 과정이나 가격 안내 등 상세정보 제공에 유리하다. 페이스북은 소통과 커뮤니티 기능이 강해 단골고객 그룹 만들기나 지역 기반 마케팅에 적합하며, 유튜브는 시술 과정 브이로그나 고객 후기 영상에 효과적이다.

콘텐츠 전략도 미리 세워야 한다. 무엇을 올릴 것인가를 정해두자. 보통 서너 가지 카테고리로 나눈다. 뷰티나 테라피 업종은 전문 정보 40%(건강 관련 팁, 마사지 효과 등), 일상 공유 30%(매장 준비 과정, 직원들의 모습 등), 고객 후기 20%(고객의 변화, 성공 사례 등), 이벤트 안내 5%(할인 혜택, 신규 서비스 소개 등), 기타 5%(시즌 인사 등)로 구성한다. 요식업은 전문 정보 40%(건강한 식재료, 요리법, 지역 특산물 소개 등), 일상 공유 30%(주방 준비 과정, 매장 분위기 등), 고객 후기 20%(고객 리뷰, 인기 메뉴 추천 등), 이벤트 안내 5%(신메뉴 출시, 시즌 이벤트 등), 기타 5%(지역 행사 소식 등)로 나눈다.

검색 노출을 높이는 키워드를 세 가지 유형으로 나눠 활용하면 효과적이다. 첫째, 큰 틀 키워드는 업종을 대표하는 단어다. '스시', '일식' 같은 키워드는 경쟁이 치열하지만 기본적으로 잡아야 할 단어다. 둘째, 리뷰 키워드는 손님들이 작성하는 리뷰에 자주 들어가는 단어를 분석해 활용한다. '점심', '혼밥', '회식', '가성비' 같은 단어로 노출을 극대화할 수 있다. 셋째, 틈새 키워드는 경쟁은 적지만 실제 고객이 자주 검색하는 단어다. 돈 들이지 않고도 상위 노출이 가능해 소자본으로도 큰 효과를 얻을 수 있다. 예를 들어 블로그나 영수증 리뷰에 '가족모임(갈마동 가족모임)', '회식', '데이트', '혼밥' 등을 넣는다. 네이버가 많이 진화해서 더 이상 한식, 일식, 중식, 고깃집, 초밥집, 술집, 이자카야 등을 상호에 넣을 필요가 없다. 네이버 로직은 계속 바뀐다. 블로그 포스팅에 이런 틈새 키워드를 삽입하자.

요즘 돈 잘 버는 소상공인들의 특징은 물건을 파는 것 이상으로 인터넷 마케팅과 가게 홍보에 집중한다. 온라인에서 브랜드를 알리고 고객을 유입시키는 것이 곧 '새로운 매출 통로'라는 사실을 잘 알아야 한다.

<음식점 온라인 홍보 기획안 작성>

온라인 홍보	기획안 작성
타깃 고객층	• 음식점 위치, 가격, 메뉴를 고려하여 타깃 설정
콘텐츠 원칙	• 음식점 특징, 가성비, 고유성, 가격 경쟁력, 후기(리뷰), 신뢰 요소 중심으로 콘텐츠 기획 • 메뉴별 고유 스토리와 콘셉트 부여 • 계절 및 트렌드 반영 메뉴 개발
콘텐츠 방향	• 맛과 비주얼 강조: 음식 사진 및 영상 • 신뢰: 후기, 실명 리뷰 • 가격 및 가성비: 점심 특선, 이벤트 • 스토리텔링: 메뉴 탄생 및 재료 이야기 • 정보·SNS형: 추천 영상, 쇼츠, 카드 뉴스

실행 계획	• SNS(인스타그램, 블로그 등) 주 2회 이상 업로드 • 월 1회 메뉴 스토리 및 후기 영상 • 해시태그 적극 활용(#지역명, #실제리뷰)
성과 측정 및 개선	• 조회, 댓글, 예약 전환율 집계 • 고객 리뷰 및 설문 • 월 1회 성과 회의 후 개선

<음식점 온라인 홍보 예시>

구분	내용
목적	• 음식점 신규 오픈 홍보
목표	• 메뉴 홍보를 통한 SNS 등 온라인 홍보 강화 및 신규 고객 확보
대상	• 20~30대 학생과 직장인 중 SNS로 맛집을 즐겨 찾는 고객층
채널	• 인스타그램, 딕톡, 블로그, 유튜브
집행 예산	• 월 50~100만 원 내외(예: 인스타그램, 틱톡 30만 원, 유튜브와 블로그 50만 원)
일정 준비	• 오픈 30일 전: 인스타그램, 틱톡, 블로그, 유튜브 개설과 콘텐츠 업로드 • 오픈 10일 전: 오픈 이벤트 시작 알림, 메뉴 사진 촬영, 매장 특징 요약, SNS 채널 개설
운영	• 매주 메뉴 및 신메뉴 사진, 매장 후기 등 콘텐츠 업로드 시작
콘텐츠	• 신메뉴, 메뉴 스토리, 맛집 후기 • 음식 준비 과정, 추천 및 비추천 메뉴 • 직원 및 고객 인터뷰, 이벤트, 할인 정보 등 다양화
분석	• 업로드 후 SNS 반응과 예약 증가 등 확인 • 후기 및 피드백 반영
개선	• 월별 회의 통해 홍보 방향 보완 및 실행

우리 가게 무료 홈페이지, 네이버 스마트플레이스

네이버 스마트플레이스는 소상공인에게 가장 효과적인 무료 마케팅 도구다. 고도화된 기술이 아닌 기본 노하우만 있으면 충분히 활용할 수 있다.

스마트플레이스에서 사람들이 가장 많이 확인하는 것은 메뉴, 리뷰, 영업 시간 순이다. 특히 메뉴 화면을 매력적으로 구성하는 것이 중요하다. 사람들은 모임 장소를 정할 때 네이버 검색부터 한다. 여기에 고객 유입의 핵심이 있다.

등록 방법은 간단하다. 플레이스토어에서 네이버 스마트플레이스 앱을 다운받아 업체 사진과 메뉴 사진 20~30장을 준비해 등록하면 된다. 스마트폰만으로도 충분히 가능하다. 메뉴 설명이나 업체 소개글은 AI 도구를 활용하거나 강남 맛집 등 잘되는 업체를 참고해 벤치마킹한다. 업체 사진은 최대 120장까지 등록 가능하니 수시로 업데이트를 하자. 대표 키워드는 5개만 설정할 수 있으니 주메뉴 위주로 선정한다.

무엇보다 리뷰 관리가 핵심이다. 리뷰를 수시로 모니터링하고 답글을 남기는 것으로도 방문 고객 수, 전화 문의, 길찾기, 저장하기 등의 전환 지표가 올라가며, 실제로 소상공인 사업장의 매출 증대 효과가 프랜차이즈보다 더욱 뚜렷하게 관찰되고 있다. 실제로 외부에서 고객을 따로 찾는 것보다 매장에 방문한 고객에게 리뷰 작성을 요청하는 방식이 매출 상승에 큰 도움이 된다.

특히 사진 리뷰가 많이 등록될수록 신뢰도 상승과 동시에 네이버 내 상위 노출 가능성도 커지고, 이벤트를 통해 리뷰 작성을 유도하면 매장 홍보와 브랜드 이미지 강화에도 큰 도움이 된다.

결론적으로 리뷰 관리는 매출과 온라인 인지도, 신규 고객 확보 측면에서 소상공인에게 필수 전략이다.

성공 사례를 보자. 한 카페 사장은 '20년 직장 경험으로 알게 된 직장인의 마음'이라는 브랜드 스토리로 차별화했다. 단순한 카페가 아닌 '인생 상담소' 같은 공간으로 포지셔닝하며 직장인 단골을 확보했다. 젊은 여성이 운영하는 베이커리는 경험 부족을 걱정하는 대신 'MZ 세대가 만드는 트렌디한 베이커리'로 브랜딩해 인스타그램을 적극 활용하며 성공했다.

블로그 체험단 활용도 효과적이다. 리뷰노트 같은 플랫폼을 통해 방문형(오프라인) 체험단을 모집하면 시너지 효과가 크다. 뷰티 업종은 신체 노출 사진은 검수 과정에서 반송되므로 매장 외관이나 관리실 사진 위주로 구성한다. 필자도 리뷰노트를 알게 된 후 몇 달 동안 이용해보니 정말 만족스러웠다. 지역 인플루언서를 연결해주고, 다양하고 유용한 팁들도 함께 얻을 수 있었다.

메뉴 전략도 중요하다. 메뉴가 너무 많으면 전문성이 떨어진다. 한 가지 메뉴에 집중해 전문성을 쌓되 계절 메뉴로 변화를 주는 것이 효과적이다. 두부 전문점에 여름철 콩국수, 베이커리에 팥빙수를 추가하는 식이다. 메가커피가 지역 특산물인 여주쌀로 누룽지 프라페를 만들거나, 투썸플레이스가 제철 고구마와 홍시로 계절 메뉴를 출시하는 것도 같은 전략이다.

실제 성과는 입증됐다. 경남의 한 꽃집은 스마트플레이스에서 사진과 리뷰를 꾸준히 관리해 매출이 초기 대비 10배 증가했다. 서울의 갈비찜 전문점은 관리 개선 후 전화 문의와 방문객이 각각 하루 평균 8건, 전체 30% 이상 늘었다. 한 동네 카페는 300건 이상의 리뷰 확보로 방문객이 30% 증가했고, 스마트 주문 기능으로 점심시간 매출이 크게 개선됐다. 만약 이것저것 모두 귀찮다면, 매달 정성스러운 댓글을 남긴 고객 한 명에게만 이벤트나 선물을 주는 것도 즉각적인 매출 상승에 좋은 방법이다.

네이버 스마트플레이스는 단순한 정보 등록을 넘어 브랜드 스토리를 전달하는 강력한 무료 마케팅 도구다. 왜 이 일을 시작했는지, 어떤 가치를 고객에게 제공하고 싶은지 명확한 메시지를 일관되게 전달해야 한다. '고객의 행복한 식사 시간을 만드는 곳', '건강한 삶을 위한 동반자' 같은 명확한 철학이 고객과의 깊은 연결고리를 만든다.

스마트스토어는 단순한 홈페이지 기능을 넘어 직접 상품을 판매할 수 있는 플랫폼이다. 판매자 가입 후 상품을 등록하면 주문, 배송, 고객 관리까지 네이버 시스템을 통해 손쉽게 운영할 수 있다. 포장식품 등 보유한 제품이 있다면 사업자등록 없이도 개인회원으로 일부 판매가 가능하다. 다만 판매 실적이 일정 기준을 초과하면 반드시 사업자로 전환하고 통신판매업 신고를 해야 한다.

당근마켓으로
지역 고객 잡기

당근마켓은 중고 물품 거래 플랫폼이지만 많은 소상공인이 적극적으로 활용해 상품을 알리고 판매하고 있다. 언택트 시대에 새로운 전략으로 급성장하는 직거래 플랫폼이자 창업과 성공 아이템으로 자리매김하고 있다.

당근마켓을 단순 중고거래 앱으로 알고 있는데, 2025년 3월 기준으로 가입자 수가 4300만 명, 하루 평균 체류시간 20분, 월간 이용자 수 1900만 명이고, 작년 기준 가장 많이 이용한 앱 5위에 등극하였다. 당근마켓 별도 기준으로 2024년 매출은 1891억 원을 기록하며 전년 대비 48% 증가했다. 영업이익은 376억 원으로 전년 대비 3.8배 증가하며 2년 연속 흑자를 기록했다.

이렇게 잠재고객이 많은데 안 할 이유가 있을까? 필자가 당근마켓을 이 시대 블루오션이라고 지칭한 것도 타 채널과는 비교조차 안 되는 광고의 효율성 때문이다. 보통 소상공인들은 당근마켓을 소홀하게 생각해서 활용하지 않기 때문에 조금만 신경 써도 경쟁업체를 쉽게 이길 수 있다.

이제 당근마켓은 동네 비즈니스 허브로, 지역 소상공인 가게와 동네 주민을 연결해 주는 상생 비즈니스로 자리 잡고 있다. 당근마켓 프로필은 내 가게 정보를 가장 쉽게 노출해 주고, 유료 광고 없이도 자연스럽게 업체를 홍보할 수 있는 강력한 플랫폼으로 브랜딩과 단골고객 관리에 중요한 중개자 역할을 한다.

당근마켓은 관리하기가 블로그, 인스타그램, 스마트플레이스보다 훨씬 쉽고 편하다. 명품부터 단순 생활용품까지 모든 것이 거래되어 불특정 다수에게 포괄적인 광고로 대중매체에 쉽게 접근할 수 있다.

2025년 당근 비즈니스 어워즈 등 공식 행사를 통해 실제 매출 중대, 단골고객 확보, 브랜드 성장 등 객관적 성과가 입증된 동네 사장님들의 다양한 사례가 다수 소개되고 있다. 2024년 7월에 '당근 동네 사장님 어워즈'로 처음 열려 2025년에도 효과적인 마케팅 성과를 이뤄낸 동네 사장님, 전문마케터에게 총 1억 원 규모의 혜택을 지급했다. 또한 카페, 꽃집, 음식점, 스포츠 교실 등 업종별로, 당근마켓 내 비즈프로필, 지역 타겟 광고, 후기 관리 등을 통한 단골고객 1,000~3,000명 확보와 예약률 증가, 기존 오프라인 대비 월 1.52배 매출 신장 사례가 공개되고 있다.

당근마켓 '나의 당근'의 '광고만들기'에서 필자는 검색광고로 3만 원을 충전해 클릭당 100원, 하루 예산 5,000원으로 꾸준히 운영하고 있다. 대형 매장은 피드광고를 활용해 다양한 화면에 노출할 수 있는데, 하루 예산을 1만 원 내외로 설정하면 광고비를 효율적으로 관리할 수 있다. 사진 한 장만 올려도 바로 시작할 수 있어 가성비가 뛰어나고, 방문하지 않아도 채팅 문의를 통해 충분히 홍보할 수 있다. 필자는 미리캔버스로 제작한 예쁜 가게 이미지를 활용해 프로그램 정보를 함께 전송하는데, 이 덕분에 서비스에 감동한 고객도 있었다.

피부 관리 창업 컨설팅과 디톡스 독소 배출 프로그램을 첫 방문 40%

할인으로 올려 판매하면 관리를 받고 바로 티켓팅으로 이어지는 경우가 많았다. 이 불경기에 이벤트, 광고, 쿠폰 발행으로 고객을 유치해서 단골고객을 자동으로 확보할 수 있는 신나는 플랫폼으로는 당근마켓이 아주 유용하다.

예산 13만 원 단위의 소액 광고로 한 달 기준 2000명 이상 지역 고객에게 노출, 단기간 내 신규 고객 유입에 성공한 소상공인 사례들이 꾸준히 언론 및 마케팅 콘텐츠를 통해 공유되고 있다. 이처럼 당근마켓은 최근 들어 고정 고객 창출과 로컬 마케팅 효과를 극대화하는 핵심 채널로 자리 잡으면서, 실제로 수많은 소상공인이 2024~2025년에 의미 있는 성장 사례를 만들었으며, 그 수는 지속적으로 증가하고 있다.

인스타그램으로 팬 만들기

인스타그램의 본질은 인간의 욕망을 실현하는 곳이라는 것이다. 유저는 이곳에서 보고 싶고, 사고 싶고, 먹고 싶고, 가고 싶은 것을 찾는다. 소상공인은 그 욕망을 자극하면 된다.

인스타그램은 애초에 사진을 공유하는 앱으로 시작했지만, 지금은 동영상 플랫폼으로 생각해도 무방할 정도로 영상을 많이 사용하고 있다. 영상 촬영은 너무 빠르지 않게 찍어서 올려야 한다.

성공 사례를 살펴보자. 작은 디저트 가게가 인스타그램을 본격 활용해 3개월 만에 월 매출이 3배로 증가했다. 부산의 한 동네 꽃집은 인스타그램에 꾸준히 꽃다발 패키지와 플라워 클래스 콘텐츠를 올리며 3개월 만에 단골고객이 2배 이상 늘면서 월 매출이 3배 뛰었다.

한 미용실 사장님은 변신 전후 사진과 고객 리뷰를 꾸준히 올리고 DM으로 예약을 받으면서 별도의 예약 시스템 없이도 풀부킹을 달성했다. 핸드메이드 소품숍은 제작 과정을 영상으로 공유했는데 해외 바이어의 눈에 띄어 해외 주문까지 받는 성과를 거두었다. 서울의 한 한식당도 인스타그램에 매일 손님이 즐기는 메뉴와 주방에서 신선한 재료를 다루는 모습을 꾸준히 올렸고, 고객들이 남긴 리뷰와 방문 후기를 적극 공유하면서 신뢰와 친밀감을 쌓았다. 그 결과 팔로워 수가 크게 증가했고, SNS를 통한 예약 문의가 50% 이상 늘면서 월 매출이 40% 이상 상승했다.

부산의 한 해산물 전문점은 인스타그램 쇼츠를 활용해 생생한 조리 과정과 신선한 재료 소개 영상을 짧고 임팩트 있게 제작했다. 이를 통해 지역 내 젊은 층과 관광객의 관심을 끌어 방문객이 크게 늘었으며, 시즌별 특별 메뉴 홍보에 큰 효과를 보았다. 제주도의 한 카페는 지역 특산물인 감귤과 한라봉을 활용한 메뉴를 인스타그램에 집중 홍보했다. 계절별 한정 음료 및 디저트 콘텐츠를 꾸준히 올려 방문객 재방문율을 높였다. 특히 '인생 음료', '내돈내산' 같은 친근한 해시태그로 자연스러운 바이럴 효과가 발생해 인지도와 매출 모두 상승했다.

이들 사례에서 공통적으로 관찰되는 성공 요인은 매일 꾸준한 콘텐츠 업로드, 스토리와 피드백 병행, 소통, 감성과 정보의 적절한 조화,

키워드 최적화 그리고 고객과의 적극적인 DM 소통이다.

인스타그램은 시각적 콘텐츠 중심의 플랫폼으로, 예쁜 사진과 간결한 텍스트가 매우 중요하다. 눈길을 끌 수 있는 고화질 이미지와 감각적인 편집 그리고 짧고 명확한 설명이 팔로워의 관심을 잡아끄는 핵심 요소다. 인스타그램을 활용할 때는 메뉴 사진뿐 아니라 매장의 분위기, 요리 과정, 고객 후기 등 다양한 각도에서 시각적 스토리텔링을 하는 것이 효과적이다.

여기에 스레드(Threads)라는 인스타그램 계정과 연동되는 새로운 플랫폼도 눈여겨볼 만하다. 스레드는 메타(인스타그램 모회사)에서 운영하는 플랫폼으로 높은 성장률을 보이고 있으며, 인스타그램과 연동되어 있어 노출에 유리하다. 콘텐츠 작성이 쉽고 빠르며(5분 내 가능), 영상 없이도 텍스트 위주로 누구나 따라 할 수 있어 관리가 어려운 이들에게 꾸준한 광고가 가능하다.

스레드는 전통적인 인스타그램보다 훨씬 가볍고 자유로운 텍스트 중심의 소통 공간으로, 글쓰기가 편하고 초보자의 진입 장벽이 낮아 누구나 쉽게 시작할 수 있다. 소상공인 입장에서는 매장 운영 중 겪는 일상적인 이야기부터 업장 관련 중요한 공지까지 다양한 내용을 부담 없이 올릴 수 있다. 댓글과 답글도 즉각적으로 주고받을 수 있어 고객 및 팔로워와의 관계 강화에 도움을 준다.

스레드는 짧은 글, 질문, 설문, 공감 문구 등을 활용해 팔로워와 실시간으로 소통 가능하며, 이는 고객 충성도 향상과 재방문 유도에 긍정적인 영향을 미친다. 하루 한두 건의 짧은 글이라도 꾸준히 올리는 습관이 고객과의 접점을 넓히고 소통의 깊이를 더하는 데 중요하다.

인스타그램은 아름답고 시각적인 콘텐츠로 브랜드의 첫인상을 좌우하며, 스레드는 진솔하고 빠른 텍스트 소통으로 고객과의 관계를 돈독히 하는 역할을 한다. 두 플랫폼의 특성을 잘 융합해 운영하면 마케팅에 강력한 효과를 낼 수 있다. 인스타그램에 올릴 릴스 동영상은 30초에서 1분 사이로 세로(9:16 비율)로 촬영해야 하며, 캔바, 캡컷 같은 디자인 플랫폼을 활용해 카드뉴스 형식의 콘텐츠와 시선을 끄는 효과적인 영상 콘텐츠를 모바일로 손쉽게 완성할 수 있다. 이런 방식은 인스타그램 알고리즘에 최적화되어 노출을 극대화하고 팔로워 증가에 크게 도움이 된다.

유튜브 쇼츠로
시작하기

약 10년 전 비영리 무료 채널 유튜브를 구글이 1조 6천억 원에 인수할 때 모두 의아해 했었다. 그러나 지금 어떠한가! 황금알을 쏟아내는 거위가 되었다. 10년 사이에 스마트폰이 대중화되어 인류의 삶이 천지개벽했고, 전혀 새로운 영역이 무궁무진하게 열리고 있다.

유튜브 쇼츠 마케팅에서 실질적인 효과를 거둔 사례를 보면, 첫 3초 이내에 시선을 사로잡는 흥미 유발이 관건이며, 내레이션 중심 영상이 클릭률과 전환율 면에서 훨씬 우수한 것으로 나타났다. AJ마케팅 조사에 따르면, 한국 뷰티 시장 규모는 2024년에 8조 원을 돌파하며 급성장했다. 앞으로도 SNS 기반 콘텐츠 시장이 더욱 확대될 전망이다. 특히 유튜브, 인스타그램, 틱톡 같은 플랫폼에서 활동하는 뷰티 인플루언서들의 영향력이 커지고 있으며, 이들은 소비자의 인식과 트렌드를 형성하는 데 중요한 역할을 한다. 그들의 제품 리뷰와 튜토리얼은 소비자들에게 진정성 있는 정보를 제공해 제품 판매와 브랜드 인지도에 큰 영향을 미친다.

각 분야별 전문 유튜버와 인싸들이 활발히 활동하고 있으므로 이들의 콘텐츠와 트렌드를 이해해서 벤치마킹하는 것이 소상공인의 매출 증대에 많은 도움이 된다. 즉 뷰티 인플루언서들이 만들어내는 신뢰감과 최신 트렌드를 활용하는 전략이 소상공인이 시장에서 경쟁력을 갖추는 데 필수적이라 할 수 있다.

이렇듯 영상이 계속 업로드되어 있는 한 지속적인 수입이 생기기 때문에 조급증을 버리고 구독자층이 생길 때까지 기다려보자. 필자와 같은 기계치는 영상편집이 다른 사람보다 어려우니 숙련된 프리렌서를 이용해서 양질의 콘텐츠를 배우는 것도 나쁘지 않다.

한 소상공인은 온라인 마케팅 지원금을 활용해 네이버 쇼핑 광고와 인스타 숏폼 영상을 제작, 단기간에 매출이 두 배 이상 증가하는 성과를 거두었다. 서울의 한 카페는 브랜딩 영상을 유튜브와 틱톡에 올려 신규 방문 고객이 40% 이상 늘었다.

한 음식점은 지역 특산물로 만든 대표 메뉴를 소개하는 쇼츠 콘텐츠를 제작해 많은 조회수를 기록했다. 특히 인기 있는 한국 전통 음식과 그 조리법, 먹는 방법 등을 재미있게 표현한 영상 콘텐츠 덕분에 해당 음식점의 SNS 팔로워 수가 약 45% 증가했고, 예약 문의는 약 60% 급증하는 성과를 기록했다. 외국인 관광객뿐 아니라 국내 젊은 층의 관심도 크게 끌었다. 전통 음식의 매력을 현대적인 영상 콘텐츠로 재해석해 소개함으로써 해외 셰프들과 인플루언서들의 주목을 받기도 했다.

유튜브에 콘텐츠를 올리기 위해서는 먼저 매장 정리가 가장 중요하다. 쓰지 않는 제품과 쓰레기는 모두 정리해야 한다. 버리기 아까운 물건은 당근마켓 등에서 판매하는 것이 좋다. 특히 요식업 쪽에서 개업이 많기 때문에 식품 관련 중고 제품이나 가전 제품은 올리자마자 관심 있는 업체들의 문의가 빗발친다.

매장 입구와 구석에는 예쁜 인테리어, 독특한 메뉴, 재미있는 이벤트 공간을 조성해 손님들이 사진 찍고 자랑하고 싶어 하는 공간으로 만들면 좋다. 이러한 준비가 완료되면 유튜브 채널 계정을 개설해 꾸준히 콘텐츠를 업로드하며 팬들과 활발히 소통하는 것이 성공의 첫걸음이다. 게시하는 영상은 반드시 직접 촬영한 것이어야 하며, 고객의 얼굴이 정면으로 노출되지 않도록 유의해야 저작권이나 개인정보 침해 등 법적 문제가 발생하지 않는다.

콘텐츠 제작 시에는 명확한 콘셉트와 타깃 고객을 정하고 키워드 최적화, 매력적인 썸네일, 짧고 임팩트 있는 영상 구성에 신경 써야 한다. 자연광 활용과 깔끔한 편집, 자막 추가 등도 시청자 몰입도를 높이는 데 도움이 된다. 또한 댓글 관리 및 라이브 스트리밍으로 시청자와 소통하며 커뮤니티를 구축하는 것도 성장에 중요하다.

썸네일(콘텐츠의 핵심을 요약해 사진이나 동영상을 대표하는 작은 미리보기 이미지)은 내 영상을 확 끌어당겨 더 많은 시청자를 유도하니 유튜브 스튜디오 앱을 설치해서 미리 준비한 썸네일을 첨부해서 업로드한다. 수익화가 목표라면 유튜브 계정을 비즈니스로 하나 더 가입해도 되고(다른 이메일로도 가능), 여기에 구글 애드센스 계정을 연결하면 광고 수익도 얻을 수 있다

영상은 세로(9:16) 비율로 30초 전후 촬영해 숏츠로 활용하거나, 가로(16:9) 비율로 약 2분 30초 전후 촬영해 일반 동영상으로 업로드한다. 촬영 시 화면 비율을 정확히 맞춰야 사진 사이즈가 맞고, 콘텐츠의

<웹 콘텐츠 제작에 도움이 되는 사이트>

사이트명	주소	비고
미리캔버스	miricanvas.com	다양한 파일 포맷(JPG, PNG, PDF, PPT, MP4, GIF 등) 다운로드와 명함, 현수막 주문 가능
캔바	canva.com	포스터, 프레젠테이션, SNS 콘텐츠, 유튜브 썸네일 등 다양한 템플릿 작업 가능
망고보드	mangoboard.net	저작권 문제 없이 사용 가능, AI 기능과 동영상 제작, AI 보이스 등 최신 기술 활용
캡컷	capcut.com	동영상 편집 앱으로 트리밍, 슬라이싱, 속도 조절, 필터, 트랜지션, 텍스트 애니메이션 등을 모바일로 빠르게 편집
블로(VLLO)	vllo.io	초보자도 쉽게 사용할 수 있고, 높은 가성비로 직관적인 UI와 AI로 자동 자막 생성과 워터마크 없이 무료로 전문적인 영상 편집 가능

구도와 완성도가 높아진다. 필자는 뷰티숍에서 사용하고 있는 관리도구를 숏츠로 촬영해 유튜브에 인포크링크를 연결하여 시술 홍보와 광고 수익까지 창출하고 있다.

앞으로 얼마나 많은 구독자가 내 영상을 볼지, 또 수입이 얼마가 될지는 한계가 없기 때문에 꼭 한 분야에 집중해보자.

유튜브 쇼츠는 소상공인에게 적은 비용으로도 브랜드 인지도를 높이고 실질적인 매출 증대로 연결되는 강력한 마케팅 수단이다. 특히 콘텐츠의 흥미 요소와 사용자 참여를 적극 반영하는 것이 성공을 좌우한다.

지역 커뮤니티와 함께하는
생존 전략

소상공인은 결국 지역 속에서 살아간다. 동네와 함께 성장할 때 더욱 끈끈한 고객층이 형성되는데, 소상공인의 가장 큰 장점인 지역 밀착성 때문이다. 대기업은 전국 단위로 사업하지만, 소상공인은 지역의 전문가다. 이 장점을 살려 지역 커뮤니티와 함께하는 로컬 브랜딩을 해야 한다.

첫 번째는 **지역 정체성을 파악하는 것이다.** 우리 동네는 어떤 특징이 있는가? 주거 지역인가, 상업 지역인가? 젊은 사람이 많은가, 나이든 분이 많은가? 이런 지역 특성을 파악하고 그에 맞는 브랜딩을 해야 한다. 지역 시골 카페와 식당은 동네 주민이 재배한 농산물 등을 판매하는 방식으로 지역사회와 상생하면서 주민들에게 실질적인 경제적 도움을 주는 모델로 인정받는다.

두 번째는 지역 행사에 적극적으로 참여하는 것이다. 동네 축제, 체육대회, 바자회 등에 참여해 얼굴을 알린다. 필자의 지역은 매년 축구 시즌 오프닝 행사 때 식당, 의류 매장, 뷰티숍, 과일 가게 등 소상공인이 무료 이용권과 상품권을 찬조하고 대형 전광판에 홍보가 된다. 자연히 매출이 오를 수밖에 없다. 필자도 여기에 매년 무료 이용 티켓을 여러 장 지원해서 당첨된 사람들이 티켓팅을 하고 많은 분을 소개받았다. 되로 주고 말로 받는 형국이다.

세 번째는 지역 인플루언서와 협업하는 것이다. 동네에서 영향력 있는 사람들과 관계를 만든다. 동네 카페 사장, 헬스장 관장, 미용실 원장, 라이온스 회장 등과 네트워크를 형성한다. 서로 고객을 소개해주고 상생한다. 예를 들어 테라피 고객에게 헬스장 체험권을 주거나, 헬스장 회원에게 마사지 할인 쿠폰을 제공하는 식으로 고객을 서로 소개한다.

네 번째는 지역 미디어를 활용하는 것이다. 지역 신문, 지역 케이블 TV, 지역 포털 사이트 등에 우리의 이야기를 알린다. 필자는 지역 인터넷 기자와 친분을 맺어 연예인을 소개받고 마사지 후기 사인으로 상당한 매상을 올렸다. 연예인 누구도 관리받는 곳으로 소문이 퍼지니 바이럴 마케팅이 된 것이다. 전국 매체는 어렵지만 지역 매체는 접근이 쉬우니 특별한 서비스나 감동적인 에피소드가 있으면 적극 알린다.

다섯 번째는 지역 특산품이나 특색을 활용하는 것이다. 우리 지역만의 독특함을 메뉴나 서비스에 반영한다. 한 카페는 지역에서 나는 딸기를 활용한 '딸기 라떼'를 시그니처 메뉴로, 제주에서는 감귤을 활용한 감귤 티라미수로 전통 재료와 트렌드를 결합해서 관광객들이 '그 지역 가면 꼭 마셔야 하는 음료'로 인식하게 되었다. 또 다른 예로 '논산에서 온 수박 주스'라는 이름의 메뉴를 선보여 지역 특산물을 효과적으로 홍보하는 대형 카페도 있다.

필자가 살고 있는 천안에는 호두를 활용한 다양한 메뉴들이 인기를 끌고 있다. 최근에는 호두를 사용한 닭강정, 버터, 고추장, 파이, 쿠키, 케익 등 호두를 중심으로 한 신메뉴들이 연이어 출시되어 우리 지역의 특색을 확실히 보여주고 있다.

여섯 번째는 지역 문제 해결에 기여하는 것이다. 동네의 불편함이나 문제를 직접 해결하는 역할을 한다. 필자는 오래전부터 고객들에게 팩스나 복사 서비스를 무료로 제공해왔다. 한 편의점은 주민들을 위해 택배 보관함 역할을 자처하며 지역사회에 큰 도움을 주고 있다. 맞벌이 부부들이 택배를 받을 수 없어 고민이던 차에 편의점에서 대신 보관해주기 시작했다. 필자의 동네 후배는 약국을 운영하는데, 버스터미널 앞이라 어르신들 장바구니를 보관해주어 건강 제품을 어렵지 않게 판매한다고 한다. 그리고 단골고객과 지인들이 오면 음료수를 꼭 대접해서 어르신들의 메카로 자리 잡았다.

경북 상주에 있는 명주정원은 1960~1970년대는 시멘트 공장,

2000년대 초까지는 숯가마 찜질방이었다. 이곳을 도시청년이 '시골 파견제 1기' 지원사업을 통해 리모델링해 대형 카페 복합 문화 공간으로 바꾸어서 연 18만 명이 찾는 지역 명소로 자리 잡았다. 운영자는 호주에서 외식 경영을 전공하고 셰프로 일한 경험을 바탕으로 공간 운영과 메뉴 개발을 했으며, 호주의 여유롭고 자연스러운 공간 활용에서 영감을 얻었다고 한다.

명주정원은 커피, 공간, 전통, 지역이라는 네 가지 키워드가 조화를 이루도록 꾸며졌다. 처음에는 주민들의 의아한 시선도 있었지만, 점차 이 공간은 지역 주민과 젊은 방문객들이 즐겨 찾는 핫한 플레이스가 되었다. 전통을 억지로 강조하기보다는 자연스럽게 스며들게 함으로써 지역 어르신들과의 교감과 추억이 공간에 생명력을 불어넣었다.

제주도의 한 흑돼지 구이 전문점은 '제주 토박이가 40년간 지켜온 맛'이라는 스토리로 브랜딩했다. 제주 방언으로 된 메뉴판, 제주 전통 그릇, 제주 할머니들의 비법 등을 강조했다. 관광객들은 진짜 제주 맛을 경험한다며 열광했다. 현재 제주 맛집 1위로 꼽힌다.

부산의 한 밀면집은 '부산 토박이만 아는 진짜 밀면'이라는 콘셉트로 브랜딩했다. 부산말로 된 메뉴 설명, 부산 관련 사진과 소품, 부산 사투리를 쓰는 직원들까지 모든 것이 부산 색깔이다.

통계에 따르면, 로컬 브랜딩을 잘하는 소상공인의 매출이 그렇지 않은 곳보다 평균 20% 높다. 특히 관광지나 특색 있는 지역일수록 효과가 크다. 고객들은 그 지역만의 특별한 경험을 원하기 때문이다.

지역 고유의 색깔과 문화를 자연스럽게 녹여내는 로컬 브랜딩은 관광객과 지역 주민 모두에게 매력적인 경험을 제공하며, 소상공인의 매출 증대로 이어지는 강력한 마케팅 전략이다. 고객에게 '진짜 지역의 맛과 분위기'를 전달하는 것이 성공의 핵심이다.

경기는
오늘이 가장 좋다

6·25 전쟁 이후 지금까지 살면서 경기가 나아졌다는 말을 들어본 적이 있는가! 우리는 매년 "작년보다 올해가 더 힘들다"라는 말만 듣고 살았다. 이것은 사실이지만 거짓이기도 하다. 성공할 기회는 어느 시대나 늘 존재했다. 세상을 보는 관점이 달라져야 하고, 열린 시야로 긍정적인 마인드를 가져야 한다. 4차 산업혁명은 남의 일이 아니며, 분명한 건 아주 가까운 미래는 이전과 전혀 다른 환경이 도래할 것이다.

한 우물만 파는 시대는 끝났다. 지금은 스마트폰 하나만 있으면 전 세계의 사람, 지식 그리고 시장과 실시간으로 연결될 수 있는 시대다. 우리가 잠자는 동안에도 수익이 발생하는 다양한 비즈니스 모델, 즉 온라인 수입, 콘텐츠 수입, 네트워크 마케팅 수입 등 새로운 형태의 불로소득을 만들 수 있다.

중요한 것은 나에게 가장 잘 맞는 방식을 찾아내어 실행하고, 그 안에서 성공의 길을 만들어 가는 것이다.

PART 04

뿌리 내리기: 지속 성장을 위한 체계적 경영

강성일 ━━━━━━━━

KDI 국제정책대학원 공공정책학 석사, 대전대학교 융합컨설팅학 박사과정 중으로, 중소기업 금융지원 및 구조조정·재창업 분야 전문가로 활동하고 있다. 신용보증기금에서 20년 이상 근무하며 보증사업 전략기획, 스타트업 기업 심사, 기업 개선 등 다양한 실무 경험을 쌓았다. 청년신협추진위원회와 한국자활복지개발원 중앙자산키움펀드 관리위원회 위원으로 사회적경제 생태계 조성에 기여하고 있다. 또한 기술창업지도사, ESG전문가 1급, 특허경영지도사, 경영컨설턴트 자격을 보유하고 있으며, 스타트업 성과, 동적역량, 친환경 혁신 등을 주제로 다수의 학술논문을 발표하며 이론과 실무를 겸비한 현장형 전문가로 활약 중이다.

Chapter 10 | # 감이 아닌 데이터로
경영하라

"내 감이 맞아.", "오늘은 왠지 장사가 잘 될 것 같아.", "이 상품은 분명히 잘 팔릴 거야."

대부분의 소상공인이 사업을 운영할 때 가장 많이 하는 말이다. 물론 오랜 경험에서 나오는 직감은 때로 정확할 수 있다. 하지만 감에만 의존하는 경영은 마치 나침반 없이 항해하는 것과 같다. 날씨가 좋을 때는 문제없지만 폭풍우가 몰아치면 길을 잃기 십상이다.

데이터 경영이라고 하면 많은 소상공인이 "그건 대기업이나 하는 것 아니야?"라고 생각한다. 하지만 오히려 자원이 한정적인 소상공인일수록 데이터를 활용한 정확한 의사결정이 더욱 중요하다. 실패할 여유가 없기 때문이다. 다행히 지금은 스마트폰 하나만 있어도 충분히 데이터를 수집하고 분석할 수 있는 시대가 되었다.

소상공인을 위한
데이터 수집과 관리 기초

데이터 경영의 첫걸음은 무엇을 측정할 것인가를 정하는 것이다. 측정하지 않으면 관리할 수 없고, 관리하지 않으면 개선할 수 없다. 이것이 경영의 기본 원칙이다. 피터 드러커는 "측정할 수 없는 것은 관리할 수 없다"라고 말했다. 이 말은 대기업뿐만 아니라 작은 가게를 운영하는 소상공인에게도 똑같이 적용된다.

먼저 우리 가게에서 반드시 수집해야 할 기초 데이터부터 살펴보자. 매출 데이터는 가장 기본이다. 하지만 단순히 오늘 얼마 벌었나만을 기록해서는 안 된다. 시간대별, 요일별, 상품별, 결제수단별로 세분화해서 기록해야 한다. 예를 들어 카페를 운영한다면 "화요일 오후 3시, 아메리카노 2잔, 카드 결제 8,000원"처럼 구체적으로 기록하는 것이다.

이렇게 세분화한 데이터를 왜 수집해야 할까? 한 예를 들어보자. 카페를 운영하는 김 사장은 처음에는 일일 매출만 대략 기록했다. 하지만 6개월 후 정확한 데이터 수집을 시작하면서 놀라운 사실을 발견했다. 목요일 오후 2~4시 사이에 디카페인 음료 주문이 평소보다 3배 많다는 것이었다. 알고 보니 근처 산부인과에서 매주 목요일 오후에 임산부 교실을 운영하고 있었던 것이다. 이 발견을 바탕으로 목요일에는 디카페인 음료를 미리 준비하고, 임산부를 위한 특별 메뉴를 개발했다. 매출이 15% 증가했다.

고객 데이터도 마찬가지다. 단순히 "오늘 손님이 많았다"가 아니라

"오전 11~12시 사이 20대 여성 고객 15명, 평균 구매액 12,000원"처럼 구체적으로 기록한다. 처음에는 번거로워 보이지만 이런 데이터가 쌓이면 놀라운 인사이트를 발견하게 된다. 나이대, 성별, 방문 시간, 체류 시간, 그룹 규모(혼자/2인/단체) 등을 기록하면 우리 가게의 진짜 타깃 고객이 누구인지 명확해진다.

POS 시스템을 사용한다면 이런 데이터가 자동으로 수집되지만, 그렇지 않더라도 엑셀이나 구글 스프레드시트에 매일 5분만 투자하면 충분하다. 중요한 것은 꾸준함이다. 하루 빠뜨리면 그 하루의 데이터는 영원히 사라진다. 스마트폰 알람을 맞춰놓고 매일 같은 시간에 데이터를 입력하는 습관을 만들자. 처음 2주가 가장 힘들다. 하지만 3주째부터는 자연스러워진다.

재고 데이터 관리도 빼놓을 수 없다. 음식점이나 카페처럼 원재료를 다루는 업종이라면 더욱 중요하다. 일주일에 한 번씩 재고를 점검하고 폐기량을 기록하자. "이번 주 우유 10리터 중 2리터 폐기"라는 데이터가 쌓이면 발주량을 최적화할 수 있다. 한 달에 폐기되는 재료비만 줄여도 순이익이 크게 개선된다.

샌드위치 가게를 운영하는 박 사장은 매주 월요일마다 식빵 50개를 주문했다. 그런데 재고 데이터를 분석해보니 월요일과 화요일은 30개만 팔리고, 수요일부터 주말까지 나머지가 소진되는 패턴을 발견했다. 월요일 주문량을 30개로 줄이고 수요일에 20개를 추가 주문하는 방식으로 바꾸자 폐기율이 제로가 되었다. 월 60만 원의 재료비 절감 효과를 봤다.

소상공인을 위한 데이터 수집 & 관리 가이드

측정하지 않으면 관리할 수 없고, 관리하지 않으면 개선할 수 없다

매일	8가지	5분	3주
매출 데이터 기록	필수 수집 항목	필수 수집 항목	습관 형성 기간

1. 매출 데이터 수집
- 시간대별 매출 기록
- 요일별 매출 현황
- 상품별 판매량 및 금액
- 결제수단별 집계
- 시간대별 피크타임 분석

2. 고객 데이터 수집
- 연령대 및 성별 파악
- 방문 시간대 기록
- 그룹 규모 (1인/2인/단체)
- 체류 시간 측정
- 재방문 여부 확인

3. 재고 관리 데이터
- 주간 재고 점검 (매주 1회)
- 폐기량 기록 및 분석
- 요일별 소비 패턴
- 발주 최적화 포인트
- 원가율 개선 항목

4. 분석 & 인사이트
- ABC 상품 분석
- 요일별 패턴 발견
- 특별 인사이트 기록
- 월간 KPI 점검
- 개선 조치 및 결과 추적

매출 분석으로 찾는 히든 카드

데이터를 모았다면 이제 분석할 차례다. 가장 먼저 해야 할 것은 ABC 분석이다. 이탈리아 경제학자 파레토가 발견한 20:80 법칙을 활용하는 방법인데, 실제로 대부분의 가게에서 상위 20%의 상품이 전체 매출의 80%를 차지한다.

한 분식집의 사례를 보자. 메뉴 종류가 무려 30개나 되었지만 실

제로 매출을 분석해보니 떡볶이, 김밥, 순대 3개 메뉴가 전체 매출의 75%를 차지하고 있었다. 나머지 27개 메뉴는 주방만 복잡하게 만들 뿐이었다. 이에 과감하게 메뉴를 10개로 줄이고 핵심 메뉴의 품질을 높이는 데 집중했다. 결과는 어떻게 되었을까? 매출은 20% 증가했고, 재료비는 15% 감소했다.

시간대별 매출 분석도 중요하다. 한 베이커리는 매출 데이터를 분석한 결과 오후 3~5시 매출이 극히 저조하다는 것을 발견했다. 그래서 이 시간대에 해피아워 할인 이벤트를 도입했고 커피와 빵을 세트로 20% 할인 판매했다. 비어 있던 시간대가 새로운 수익원이 된 것이다.

계절별 매출 패턴도 놓치지 말아야 한다. 아이스크림 가게가 겨울에도 매출을 유지하려면 어떻게 해야 할까? 데이터를 보면 답이 나온다. 한 아이스크림 가게는 겨울철 매출이 여름의 30% 수준으로 떨어지는 것을 확인하고 겨울 한정 메뉴로 '핫초코 선데이'를 개발했다. 따뜻한 브라우니에 아이스크림을 올린 이 메뉴는 겨울철 매출을 무려 50% 끌어올렸다.

고객별 구매 패턴 분석도 빼놓을 수 없다. 단골고객이 얼마나 자주 오는지, 한 번에 얼마나 구매하는지를 분석하면 맞춤형 마케팅이 가능하다. 예를 들어 매주 화요일마다 오는 고객에게는 화요일 특별 쿠폰을 제공하고, 항상 같은 메뉴만 주문하는 고객에게는 새로운 메뉴를 추천해볼 수 있다.

6시그마 DMAIC 방법론
간단 적용법

6시그마라고 하면 너무 거창하게 들릴 수 있다. 하지만 핵심은 간단하다. 문제를 체계적으로 해결하는 5단계 프로세스, DMAIC(Define-Measure-Analyze-Improve-Control)을 따르는 것이다.

첫 번째, Define(정의) 단계다. 우리 가게의 가장 큰 문제가 무엇인지 명확히 정의한다. "장사가 안 된다"라는 것은 너무 막연하다. "점심시간 회전율이 낮아 대기 고객의 30%가 이탈한다"처럼 구체적으로 정의해야 한다.

두 번째, Measure(측정) 단계다. 문제와 관련된 모든 것을 측정한다. 점심시간 회전율이 문제라면 주문부터 음식 제공까지 걸리는 시간, 식사 시간, 계산 시간을 각각 측정한다. 한 김치찌개 전문점은 이렇게 측정해보니 주문받는 데 평균 3분, 음식 나오는 데 12분, 식사 15분, 계산 2분으로 총 32분이 걸렸다.

세 번째, Analyze(분석) 단계다. 데이터를 분석해 진짜 원인을 찾는다. 위 김치찌개 전문점의 경우 12분이나 걸리는 조리 시간이 문제였다. 자세히 분석해보니 김치찌개는 5분이면 충분한데 함께 나가는 반찬 준비에 7분이 걸리고 있었다.

네 번째, Improve(개선) 단계다. 원인을 알았으니 개선 방안을 실행한다. 이 가게는 반찬을 미리 세팅해두는 시스템을 도입했다. 점심시간 전에 반찬을 100인분씩 미리 준비해두니 음식 제공 시간이 12분에서 6분으로 단축되었다.

다섯 번째, Control(관리) 단계다. 개선된 상태를 유지하기 위한 시스템을 만든다. 매일 오전 11시 30분까지 반찬 사전 세팅을 완료하는 체크리스트를 만들고, 주문부터 제공까지 시간을 매일 체크하여 6분을 넘지 않도록 관리했다.

이 과정을 거친 결과 점심시간 회전율이 50% 개선되었고 매출이 30% 증가했다. DMAIC는 거창한 방법론이 아니라 문제를 체계적으로 해결하는 상식적인 접근법이다.

🎯 6시그마 DMAIC 단계별 실행 도구 매트릭스
소상공인을 위한 체계적 문제 해결 프로세스

	D Define 정의	→	**M** Measure 측정	→	**A** Analyze 분석	→	**I** Improve 개선	→	**C** Control 관리

실행항목	Define 정의	Measure 측정	Analyze 분석	Improve 개선	Control 관리
핵심질문	무엇인 문제인가? 구체적이고 측정 가능한 문제 정의	현재 상태는? 정량적 데이터로 문제 크기 파악	왜 발생했나? 데이터 분석을 통한 근본 원인 발견	어떻게 개선? 실행 가능한 해결책 도출 및 실행	유지 방법은? 개선 효과 지속을 위한 시스템 구축
사용도구	문제 정의서 5W1H로 문제 명확화	체크시트 데이터 수집 양식 및 측정 계획	파레토 차트 80/20 법칙으로 핵심 원인 파악	개선 계획서 구체적 실행 방안 및 일정	관리 체크리스트 일일/주간 모니터링 양식
실행방법	구체화 장사가 안된다→ 점심시간 대기 고객 30% 이탈	시간측정 주문-조리-제공-계산, 각 단계 시간 기록	병목 발견 가장 시간이 오래 걸리는 구간 파악	프로세스 변경 반찬 사전 세팅 시스템 도입	일일 점검 매일 제공 시간 6분 이내 유지
측정지표	목표 설정 이탈률 30%→ 10% 이하로 감소	기준 데이터 현재 평균 32분 소요	원인 비율 반찬 준비 7분(전체의 22%)	개선 효과 12분 → 6분(50% 단축)	관리 기준 제공 시간 6분 ± 1분 유지
소요기간	1-2일 문제 정의 및 합의	1주일 충분한 데이터 수집	2-3일 데이터 분석 및 원인 파악	1-2주 개선안 실행 및 검증	지속적 개선 효과 유지 관리

엑셀로도 충분한
데이터 분석 실전 테크닉

데이터 분석이라고 하면 복잡한 프로그램이 필요할 것 같지만 사실 엑셀 하나면 충분하다. 대부분의 소상공인에게 필요한 분석은 엑셀의 기본 기능만으로도 가능하다.

가장 유용한 기능은 피벗테이블이다. 복잡해 보이지만 한 번만 배우면 누구나 할 수 있다. 예를 들어 한 달 치 매출 데이터가 있다고 하자. 날짜, 시간, 상품명, 수량, 금액이 수백 줄로 나열되어 있다면 한눈에 파악하기 어렵다. 하지만 피벗테이블을 만들면 5분 만에 요일별 매출, 시간대별 매출, 상품별 매출을 한눈에 볼 수 있다.

조건부 서식도 활용하자. 매출이 평균 이상인 날은 초록색, 평균 이하인 날은 빨간색으로 표시하면 한눈에 패턴을 파악할 수 있다. 한 카페 사장님은 이 방법으로 비 오는 날 매출이 30% 증가한다는 것을 발견했다. 그래서 비 오는 날 특별 이벤트를 기획했고, "우산 쓰고 오신 분께 아메리카노 500원 할인"이라는 간단한 프로모션으로 비 오는 날 매출을 50% 더 늘렸다.

FILTER 함수를 활용하면 고객 관리도 쉬워진다. 고객 전화번호를 입력하면 자동으로 구매 이력, 선호 메뉴, 마지막 방문일이 표시되도록 만들 수 있다. 이렇게 하면 "어서오세요, 김 사장님! 늘 드시던 아메리카노 준비할까요?"라는 맞춤형 서비스가 가능해진다.

그래프 기능도 놓치지 말자. 숫자만 보면 지루하지만 그래프로 만들면 트렌드가 한눈에 보인다. 특히 꺾은선 그래프로 매출 추이를 그려 보면 성장하고 있는지, 정체되어 있는지 바로 알 수 있다. 한 빵집 사장 님은 6개월간 매출 그래프를 그려본 후 매출이 계단식으로 성장한다는 것을 발견했다. 신메뉴를 출시할 때마다 매출이 한 단계 올라가고, 그 후 정체되는 패턴이었다. 이를 바탕으로 매달 신메뉴를 1개씩 출시하 는 전략을 세워 지속적인 성장을 이루었다.

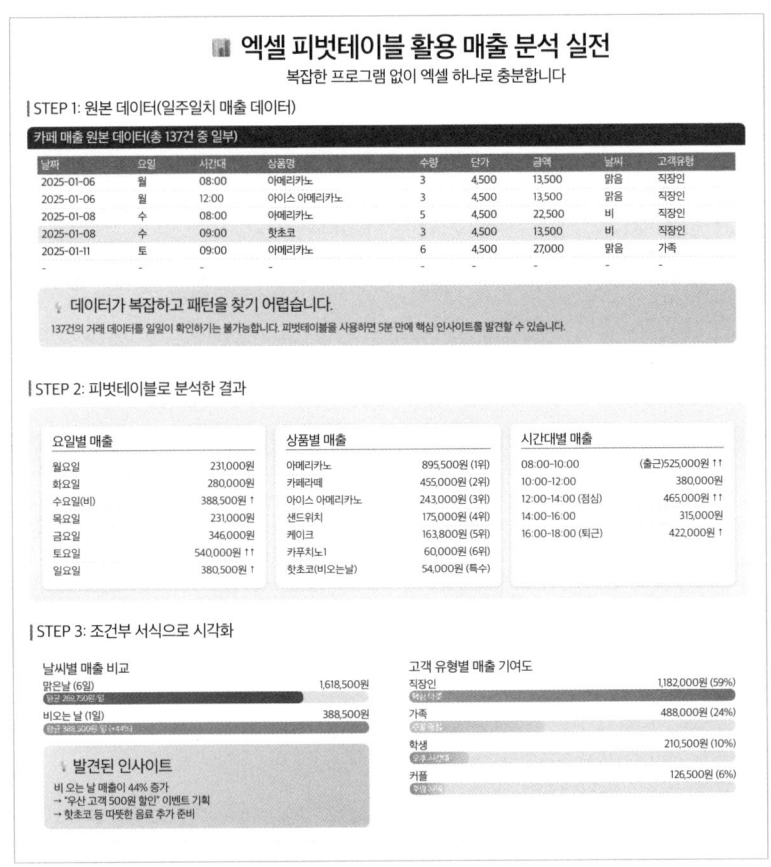

📊 엑셀 피벗테이블 활용 매출 분석 실전
복잡한 프로그램 없이 엑셀 하나로 충분합니다

| STEP 1: 원본 데이터(일주일치 매출 데이터)

카페 매출 원본 데이터(총 137건 중 일부)

날짜	요일	시간대	상품명	수량	단가	금액	날씨	고객유형
2025-01-06	월	08:00	아메리카노	3	4,500	13,500	맑음	직장인
2025-01-06	월	12:00	아이스 아메리카노	3	4,500	13,500	맑음	직장인
2025-01-08	수	08:00	아메리카노	5	4,500	22,500	비	직장인
2025-01-08	수	09:00	핫초코	3	4,500	13,500	비	직장인
2025-01-11	토	09:00	아메리카노	6	4,500	27,000	맑음	가족
-	-	-	-	-	-	-	-	-

⚠ 데이터가 복잡하고 패턴을 찾기 어렵습니다.
137건의 거래 데이터를 일일이 확인하기는 불가능합니다. 피벗테이블을 사용하면 5분 만에 핵심 인사이트를 발견할 수 있습니다.

| STEP 2: 피벗테이블로 분석한 결과

요일별 매출	
월요일	231,000원
화요일	280,000원
수요일(비)	388,500원 ↑
목요일	231,000원
금요일	346,000원
토요일	540,000원 ↑↑
일요일	380,500원 ↑

상품별 매출	
아메리카노	895,500원 (1위)
카페라떼	455,000원 (2위)
아이스 아메리카노	243,000원 (3위)
샌드위치	175,000원 (4위)
케이크	163,800원 (5위)
카푸치노1	60,000원 (6위)
핫초코(비오는날)	54,000원 (특수)

시간대별 매출	
08:00-10:00	(출근)525,000원 ↑↑
10:00-12:00	380,000원
12:00-14:00 (점심)	465,000원 ↑↑
14:00-16:00	315,000원
16:00-18:00 (퇴근)	422,000원 ↑

| STEP 3: 조건부 서식으로 시각화

날씨별 매출 비교
맑은날 (6일)   1,618,500원
평균 269,750원/일
비오는 날 (1일)   388,500원
평균 388,500원/일 (+44%)

고객 유형별 매출 기여도
직장인   1,182,000원 (59%)
핵심고객
가족   488,000원 (24%)
주말 집중
학생   210,500원 (10%)
오후 시간대
커플   126,500원 (6%)
주말 저녁

⚠ 발견된 인사이트
비 오는 날 매출이 44% 증가
→ "우산 고객 500원 할인" 이벤트 기획
→ 핫초코 등 따뜻한 음료 추가 준비

KPI 설정과
대시보드 만들기

KPI(Key Performance Indicator, 핵심성과지표)는 우리 가게의 건강 상태를 보여주는 체온계 같은 것이다. 체온이 37도를 넘으면 열이 있다는 것을 알 수 있듯이, KPI를 보면 우리 가게가 잘 되고 있는지 바로 알 수 있다.

소상공인에게 꼭 필요한 5가지 KPI를 소개한다.

❶ **일 평균 매출액**: 단순하지만 가장 중요한 지표다.

❷ **객단가**(고객 1인당 평균 구매액): 객단가가 올라가면 같은 수의 고객으로도 매출을 늘릴 수 있다.

❸ **재방문율**: 신규 고객을 유치하는 비용은 기존 고객을 유지하는 비용의 5배다.

❹ **원가율**: 매출 대비 원재료비 비율을 관리해야 수익성을 확보할 수 있다.

❺ **인건비율**: 매출 대비 인건비가 적정 수준을 유지해야 한다.

이런 KPI를 한눈에 볼 수 있는 대시보드를 만들어보자. 거창할 필요 없다. A4 한 장에 이번 달 목표와 현재 실적을 적고 매일 업데이트하는 것만으로도 충분하다. 한 치킨집 사장님은 매장 입구에 대시보드를 붙여놓고 직원들과 매일 공유했다. "오늘 목표 매출 150만 원, 현재 80만 원, 파이팅!"이라고 적어놓으니 직원들도 목표 의식을 갖고 더 열심히 일했다.

월간 리뷰도 중요하다. 매월 마지막 날 한 달간의 KPI를 정리하고 다음 달 목표를 세운다. 목표는 현실적이어야 한다. 지난달 매출이 3000만 원이었다면 이번 달 목표는 3150만 원(5% 성장) 정도가 적당하다. 너무 높은 목표는 오히려 의욕을 꺾는다.

KPI를 활용한 실제 개선 사례를 보자. 한 미용실은 재방문율이 40%에 불과했다. 이를 개선하기 위해 첫 방문 고객에게 다음 방문 시 20% 할인 쿠폰을 제공하고, 3개월 이상 방문하지 않은 고객에게는 안부 문자를 보냈다. 6개월 후 재방문율이 65%로 상승했고 매출이 30% 증가했다. KPI를 측정하고 관리하지 않았다면 불가능한 성과였다.

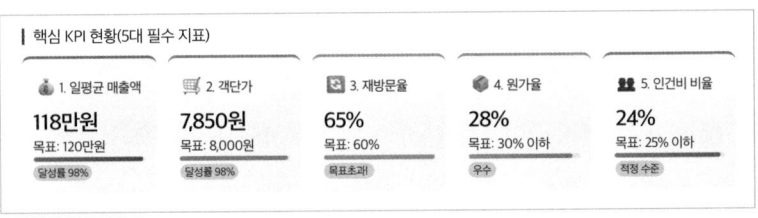

데이터 경영은 어렵지 않다. 측정하고, 분석하고, 개선하고, 관리하는 것. 이 네 가지만 꾸준히 하면 된다. 당신의 가게에도 보물이 숨어 있다. 데이터라는 돋보기로 그 보물을 찾아보자. 감이 아닌 데이터로 경영할 때 당신의 사업은 한 단계 도약할 것이다.

Chapter 11

일 잘하는 직원은
어떻게 만들어지는가

"사람이 전부다."

많은 소상공인이 하는 말이다. 맞는 말이다. 하지만 정작 사람을 어떻게 뽑고, 어떻게 키우며, 어떻게 관리해야 하는지는 잘 모른다. 대부분 "일해 보면 알겠지", "사람 보는 눈이 있어" 같은 막연한 기대에 의존한다. 그 결과는? 3개월도 안 되어 그만두는 직원, 같은 실수를 반복하는 직원, 의욕 없이 시간만 때우는 직원들로 가득한 일터가 된다.

직원 한 명을 채용하고 교육하는 데 드는 비용은 생각보다 크다. 채용 공고 비용, 면접 시간, 교육 기간 동안의 생산성 저하, 실수로 인한 손실까지 합치면 최소 300만 원이 넘는다. 그런데 이렇게 뽑은 직원이 3개월 만에 그만둔다면? 다시 처음부터 시작이다. 이런 악순환을 끊으려면 체계적인 인사 관리 시스템이 필요하다.

소상공인이라고 해서 인사 관리를 대충 할 수는 없다. 오히려 적은 인원으로 운영하기 때문에 한 명 한 명이 더욱 중요하다. 대기업은 직원 한 명이 못해도 다른 사람이 커버할 수 있지만 소상공인은 그럴 여유가 없다. 그래서 처음부터 제대로 뽑고 제대로 키워야 한다.

소상공인을 위한
채용 면접 체크리스트

좋은 직원을 뽑는 것은 운이 아니라 시스템이다. 사람 복이 없다고 한탄하기 전에 채용 과정을 돌아보자. 구인 광고에 "성실한 분 구합니다"라고만 써놓고, 면접에서 "일 잘하실 수 있겠어요?"라고 묻는다면 좋은 직원을 뽑기는 어렵다.

먼저 우리 가게에 필요한 인재상을 명확히 정의해야 한다. 카페라면 "커피에 관심이 많고, 손님과 대화를 즐기며, 위생 관념이 철저한 사람"처럼 구체적으로 정의한다. 그리고 이렇게 정의한 인재상에 맞는 질문을 준비한다. "커피를 좋아하세요?"가 아니라 "최근에 인상 깊게 마신 커피가 있다면 설명해주세요"라고 묻는 것이다.

경험에 관한 질문도 구체적이어야 한다. "어려운 고객을 응대한 경험이 있나요?"가 아니라 "가장 기억에 남는 어려운 고객 응대 상황을 설명하고 어떻게 해결했는지 말씀해주세요"라고 묻는다. 이런 행동 기반 질문(Behavioral Interview)을 통해 실제 상황에서 어떻게 행동할지 예측할 수 있다.

실제 사례를 들어보자. 한 이탈리안 레스토랑 사장은 요리사를 채용할 때 항상 "파스타를 10인분 만들 때와 1인분 만들 때의 차이점은 무엇인가요?"라고 묻는다. 이 질문 하나로 지원자가 대량 조리 경험이 있는지, 일관된 맛을 유지할 수 있는지, 효율적인 작업을 할 수 있는지를 파악할 수 있다.

면접 때 반드시 확인해야 할 5가지가 있다. 첫째, 근무 가능 기간이다. 최소 1년은 일할 수 있는 사람을 뽑아야 한다. 둘째, 출퇴근 시간이다. 통근 시간이 1시간을 넘으면 장기 근무가 어렵다. 셋째, 희망 급여다. 줄 수 있는 범위와 맞는지 확인한다. 넷째, 이전 직장을 그만둔 이유다. 같은 이유로 우리 가게도 그만둘 가능성이 있다. 다섯째, 우리 가게에서 이루고 싶은 목표다. 목표가 있는 사람이 더 열심히 일한다.

실무 능력을 테스트하는 것도 중요하다. 카페라면 실제로 커피를 만들어보게 하고, 옷가게라면 코디를 해보게 한다. 한 베이커리는 지원자에게 "이 빵의 원가를 추정해보세요"라는 과제를 준다. 정답을 맞히는 것이 중요한 게 아니라 접근 방식을 보는 것이다. 논리적으로 생각하는지, 꼼꼼한지, 숫자에 강한지를 파악할 수 있다.

레퍼런스 체크도 놓치지 말자. 이전 직장 상사나 동료에게 전화해서 확인한다. "함께 일하기 어떤 사람이었나요?", "다시 함께 일하고 싶은가요?" 같은 질문을 던진다. 한 음식점 사장은 레퍼런스 체크를 통해 지원자가 이전 직장에서 금전 사고를 일으켰다는 사실을 알게 되어 채용을 포기했다.

👥 역량 기반 면접 평가표
좋은 직원을 뽑는 것은 운이 아니라 시스템입니다

🗓 면접일자: 2025년 1월 15일	👤 지원자명: 김OO	💼 지원직무: 카페 바리스타
🖊 면접관: OOO사장	🕐 면접시간: 14:00-14:30	📞 연락처: 010-1234-5678

☕ 우리 가게 인재상

커피에 관심이 많고, 손님과 대화를 즐기며, 위생 관념이 철저한 사람
성실하고 학습 의지가 높으며, 팀워크를 중요시하는 사람

1️⃣ 기본 정보 확인(필수 5가지)

근무 가능 기간	1년 이상 가능 (장기 근무 의향)	★★★★★
출퇴근 시간	지하철 40분 (1시간 이내 적당)	★★★★☆
희망 급여	시급 12,000원 (예산 범위 내)	★★★★☆
전 직장 퇴사 이유	개인 사정 (추가 확인 필요)	★★★☆☆
이루고 싶은 목표	바리스타 전문가로 성장 (명확한 목표)	★★★★☆

2️⃣ 경험 기반 질문(STAR 기법)

S: Situation (상황)	T: Task (과제)	A: Action (행동)	R: Result (결과)
편의점에서 화난 고객을 만남	고객 불만을 빠르게 해결해야 함	차분히 경청하고 진심으로 사과	고객이 만족하고 단골이 됨

어려운 고객 응대 경험

문제 상황	편의점 화난 고객	4점
해결 방법	경청+ 사과 + 재발 방지	4점

팀워크 경험

협업 상황	바쁜 시간 동료와 협력	4점
역할 분담	효율적 업무 분배	4점

3️⃣ 실무 능력 테스트

커피 제조	고객 응대	원가 계산	우선순위 판단	청결 관리
아메리카노 추출	주문 받기	논리적 추정	중요도 순 처리	체계적 설명
★★★★☆	★★★★☆	★★★☆☆	★★★★☆	★★★★★

4️⃣ 종합 평가

20/25	**22**/25	**19**/25	**20**/25	**81**/100
기본 정보	인재상 적합성	경험 및 역량	실무 능력	총점

신입 직원
온보딩 프로그램 설계

첫날이 평생을 좌우한다. 신입 직원의 첫 출근날을 어떻게 보내느냐에 따라 그 직원이 1년을 일할지, 1개월을 일할지가 결정된다. 많은 소상공인이 "일단 와서 보고 배우세요"라는 식으로 신입 직원을 방치한다. 그러면 직원은 불안해 하고 실수하면서 결국 그만둔다.

신입 직원을 위해서는 체계적인 온보딩 프로그램이 필요하다. 첫날은 환영과 소개에 집중한다. 우리 가게의 역사, 비전, 핵심 가치를 설명한다. "우리 가게는 2019년에 시작했고, 동네 사랑방 같은 카페를 만들고 싶어요. 단순히 커피를 파는 게 아니라 이웃들의 일상을 함께하는 공간이 되고자 해요"처럼 스토리를 들려준다. 직원이 단순한 아르바이트가 아니라 팀의 일원이라고 느끼게 만드는 것이다.

첫 주는 기본기를 익히는 데 집중한다. 포스 사용법, 청소 방법, 재료관리, 고객 응대 기본 사항 등을 하나씩 가르친다. 한꺼번에 모든 것을 가르치려고 하면 안 된다. 하루에 2~3가지씩 단계적으로 교육한다. 각항목마다 체크리스트를 만들어 완료 여부를 확인한다.

한 달 차에는 독립적으로 일할 수 있도록 한다. 처음에는 옆에서 지켜보다가 점차 혼자 하도록 맡긴다. 실수해도 괜찮다고 미리 말해준다. "처음 한 달은 배우는 기간이니까 실수해도 돼요. 중요한 건 같은 실수를 반복하지 않는 거예요"라고 안심시킨다.

멘토 제도도 효과적이다. 기존 직원 중 한 명을 멘토로 지정해 신입 직원을 돌보게 한다. 멘토에게는 약간의 수당을 주거나 인센티브를 제공한다. 한 프랜차이즈 카페는 멘토 제도 도입 후 신입 직원 3개월 내 이직률이 60%에서 20%로 감소했다.

실제 온보딩 성공 사례를 보면, 한 일식당은 신입 직원용 매뉴얼북을 만들었다. A4 10장 분량으로 출퇴근 규칙부터 각 메뉴 조리법, 재료 보관법, 청소 순서까지 모든 것을 사진과 함께 정리했다. 신입 직원은 이 매뉴얼을 보고 스스로 학습할 수 있었고, 교육 시간이 50% 단축되었다.

30-60-90일 체크인도 중요하다. 30일째에는 "적응은 잘하고 있나

요? 어려운 점은 없나요?"라고 묻고, 60일째에는 "개선하면 좋을 점이 있나요?"라고 묻는다. 90일째에는 정식 직원으로 전환할지 결정한다. 이런 정기적인 소통을 통해 문제를 조기에 발견하고 해결할 수 있다.

동기부여와 인센티브 시스템 구축

돈만으로는 직원을 움직일 수 없다. 물론 적정한 급여는 기본이다. 하지만 급여가 같아도 어떤 직원은 열심히 일하고 어떤 직원은 대충 일한다. 그 차이는 동기부여에 있다.

가장 강력한 동기부여는 인정이다. "오늘 손님이 당신 서비스가 최고였다고 칭찬하셨어요", "이번 달 매출 목표 달성은 당신이 열심히 일해준 덕분이에요" 같은 구체적인 칭찬이 직원의 자존감을 높인다. 한 치킨집 사장은 매주 금요일 저녁에 그 주의 직원 MVP를 선정해 작은 상품을 준다. 상품은 치킨 한 마리 정도로 소박하지만 직원들의 사기는 크게 올랐다.

성장 기회를 제공하는 것도 중요하다. 바리스타 자격증 취득을 지원하거나 요리 학원 수강료를 보조하는 것이다. 한 베이커리는 직원들에게 제빵 기능사 자격증 취득을 지원했다. 시험 준비 기간에는 근무 시간을 조정해주고 합격하면 자격 수당을 지급했다. 그 결과 직원 5명 중 4명이 자격증을 취득했고 이직률이 제로가 되었다.

팀 인센티브도 효과적이다. 개인 성과보다 팀 성과에 따라 인센티브를 지급하면 협력이 늘어난다. 한 레스토랑은 월 매출 목표를 달성하면 전 직원에게 매출의 2%를 균등 분배한다. 이렇게 하니 직원들이 서로 도와가며 일하고 함께 목표를 달성했다는 일체감이 생겼다.

자율성도 강력한 동기부여 요소다. 한 카페는 직원들에게 '이달의 추천 메뉴'를 만들 권한을 주었다. 직원이 직접 레시피를 개발하고, 가격을 정하며, 홍보 문구를 작성한다. 자신이 만든 메뉴가 잘 팔리면 판매 수수료를 받는다. 이 제도 도입 후 직원들의 창의성과 주인의식이 크게 향상되었다.

근무 환경 개선도 놓치지 말자. 작은 것부터 시작한다. 직원 전용 휴게 공간을 만들고, 간식을 제공하며, 유니폼을 편한 것으로 바꾼다. 한 미용실은 직원들의 발이 아프다는 불만을 듣고 피로 방지 매트를 깔았다. 2만 원짜리 매트였지만 직원들은 사장님이 우리를 생각해준다고 감동했다.

실수를 용인하는 문화도 중요하다. 실수했다고 질책하면 직원은 소극적이 된다. 대신 "실수에서 무엇을 배웠나요?"라고 묻는다. 한 음식점 사장은 '이달의 실수상'을 만들었다. 가장 창의적인 실수를 한 직원에게 상을 준다. 이상하게 들릴 수 있지만, 이 제도 도입 후 직원들이 새로운 시도를 두려워하지 않게 되었다.

성과 관리와
피드백의 기술

'잘했어, 못했어'로는 직원이 성장할 수 없다. 구체적이고 건설적인 피드백이 필요하다. 하지만 많은 소상공인이 피드백을 어려워한다. 직원이 상처받을까 봐, 관계가 나빠질까 봐 망설인다. 그러다 문제가 커지고 나서야 폭발한다. 이런 악순환을 끊으려면 체계적인 성과 관리 시스템이 필요하다.

먼저 명확한 목표를 설정하고, SMART 원칙을 활용한다. SMART 원칙은 Specific(구체적), Measurable(측정 가능), Achievable(달성 가능), Relevant(관련성), Time-bound(기한 설정)이다. '열심히 일하기'가 아니라 '이번 달 재구매율 10% 향상'처럼 구체적인 목표를 세운다.

일일 미팅을 추천한다. 매일 아침 5분, 오늘의 목표를 공유한다. "오늘은 신메뉴 20잔 판매가 목표예요", "저녁 피크 시간에 대기 시간 5분 이내로 줄이는 게 목표예요" 같은 식이다. 퇴근 전에는 목표 달성 여부를 확인하고 내일 계획을 세운다.

주간 1:1 미팅도 효과적이다. 매주 15분씩 직원과 개별 면담을 한다. 이번 주 잘한 점, 개선할 점, 다음 주 목표를 이야기한다. 한 편의점 점주는 매주 월요일 오후 직원들과 15분씩 1:1 미팅을 한다. 처음에는 어색했지만 3개월 후 직원들의 업무 만족도가 크게 향상되었다.

피드백은 SBI 모델을 활용한다. SBI는 Situation(상황), Behavior(행동), Impact(영향)이다. "어제 오후 3시(상황), 진상 고객에게 차분하게 대응하셨더군요(행동). 덕분에 다른 고객들도 안심하고 매장 분위기도 좋아졌어요(영향)"처럼 구체적으로 전달한다.

부정적 피드백도 필요하다. 하지만 공개적으로 하면 안 된다. 개인적으로, 구체적으로 개선 방안과 함께 전달한다. "어제 주문을 잘못 받으셨더군요. 이런 실수를 줄이려면 주문을 받은 후 한 번 더 확인하는 습관을 들이면 좋겠어요"라는 식이다.

360도 피드백도 시도해볼 만하다. 직원이 사장을 평가하는 것이다. '사장님이 개선하면 좋을 점'을 익명으로 받는다. 한 카페 사장은 직원들로부터 "지시사항이 자주 바뀌어 혼란스럽다"라는 피드백을 받고 업무 지시를 문서화하기 시작했다. 소통이 명확해지고 실수가 줄었다.

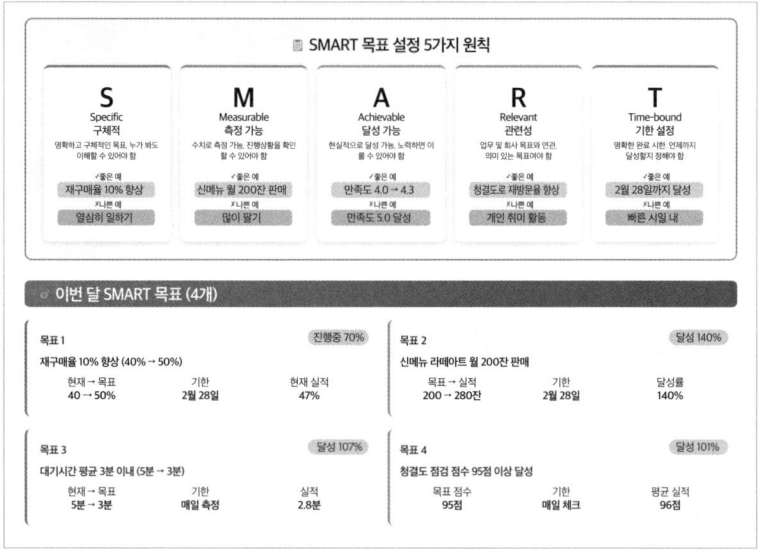

뿌리 내리기: 지속 성장을 위한 체계적 경영

이직률 제로에 도전하는
직원 만족도 관리

　직원이 그만두는 진짜 이유는 무엇일까? 급여? 물론 중요하다. 하지만 연구에 따르면, 직원이 퇴사하는 가장 큰 이유는 상사와의 관계다. "사장이 나를 인정하지 않는다", "성장할 기회가 없다", "일하는 의미를 모르겠다"라는 이유로 떠난다.

　직원 만족도를 정기적으로 측정해야 한다. 거창한 설문조사가 아니어도 된다. 매월 "이번 달 일하면서 가장 좋았던 점과 힘들었던 점을 하나씩 말해주세요"라고 묻는 것만으로도 충분하다. 한 음식점은 매월 마지막 금요일을 '토크 데이'로 정하고 직원들의 의견을 듣는다. 작은 불만이 큰 문제가 되기 전에 해결할 수 있다.

　경력 개발 경로를 제시하는 것도 중요하다. '1년 후에는 주방장, 2년 후에는 매니저, 3년 후에는 점장'처럼 성장 비전을 보여준다. 한 프랜차이즈 커피숍은 우수 직원에게 독립 창업을 지원하는 프로그램을 운영한다. 실제로 3명의 직원이 독립해 자기 가게를 열었다. 이런 비전이 있으니 직원들이 더 열심히 일한다.

　일과 삶의 균형도 중요하다. 주 52시간을 지키고 연차를 자유롭게 쓸 수 있게 한다. 한 베이커리는 직원들의 생일에 반드시 휴무를 준다. 작은 배려지만 직원들은 "우리 사장님은 다르다"라고 느낀다.

　팀워크를 강화하는 활동도 필요하다. 한 달에 한 번 회식을 하거나 분기별로 워크숍을 간다. 한 미용실은 매월 첫째 주 월요일을 '교육의 날'로 정하여 오전에는 신기술을 배우고 오후에는 팀 빌딩 활동을 한다. 비용이 들지만 팀워크가 좋아지면 생산성이 올라가 충분히 보상받는다.

이직 면담도 중요하다. 직원이 그만둘 때 진짜 이유를 들어야 한다. "왜 그만두시나요?", "우리 가게가 개선하면 좋을 점은 무엇인가요?", "다른 직원에게 조언한다면?" 같은 질문을 던진다. 한 카페 사장은 이직 면담을 통해 휴게 시간이 제대로 보장되지 않는다는 문제를 발견하고 개선했다.

장기근속 직원에 대한 보상도 잊지 말자. 1년마다 근속 수당을 올리고, 3년 이상 근무하면 특별 휴가를 준다. 한 치킨집은 5년 이상 근무한 직원에게 해외여행 경비를 지원한다. 큰 비용이지만 "우리 가게에서 오래 일하면 좋은 일이 생긴다"라는 메시지를 전달한다.

"사람이 전부다"

이 말은 진실이다. 하지만 좋은 사람을 뽑는 것만으로는 부족하다. 체계적으로 교육하고, 동기부여하며, 성과를 관리하고, 만족도를 높여야 한다. 이 모든 것이 시스템으로 작동할 때 비로소 일 잘하는 직원이 만들어진다. 당신의 직원이 당신의 가게를 자랑스러워하는 그날까지 한 걸음씩 나아가자.

Chapter 12

사업 확장의 조건

"2호점은 언제 낼 거예요?"

장사가 잘되는 가게 사장이 가장 많이 듣는 질문이다. 성공의 달콤함에 취해 성급하게 확장했다가 망하는 경우를 수없이 봤다. 1호점은 대박인데 2호점은 쪽박인 이유는 무엇일까? 답은 간단하다. 시스템이 없었기 때문이다. 사장이 직접 관리하는 1호점과 달리 2호점은 시스템으로 돌아가야 한다. 그런데 그 시스템이 없으니 실패하는 것이다.

사업 확장은 단순히 가게를 하나 더 여는 것이 아니다. 사장 없이도 돌아가는 시스템을 만드는 것이다. 맥도날드가 전 세계에 4만 개 매장을 운영할 수 있는 이유는 완벽한 표준화 시스템 때문이다. 감자튀김 온도부터 케첩 양까지 모든 것이 매뉴얼화되어 있다. 작은 가게라 할지라도 이런 시스템을 만들 수 있다.

확장의 조건은 세 가지다. 첫째, 업무가 표준화되어 있어야 한다. 둘째, 품질을 일정하게 유지할 수 있어야 한다. 셋째, 수익 모델이 검증되어 있어야 한다. 이 세 가지 중 하나라도 부족하면 확장은 재앙이 된다. 지금부터 하나씩 차근차근 준비해보자.

업무 표준화: SOP(표준운영절차) 만들기

SOP(Standard Operating Procedure)란 업무를 수행하는 표준화된 절차다. 거창하게 들리지만, 쉽게 말하면 "이 일은 이렇게 하세요"라는 매뉴얼이다. 누가 와도 똑같이 할 수 있도록 만드는 것이 핵심이다.

한 김밥집 사장의 이야기다. 첫 가게가 성공해서 2호점을 냈는데 맛이 달랐다. 같은 재료를 쓰는데도 김밥 맛이 다른 것이다. 알고 보니 밥 짓는 방법부터 달랐다. 1호점은 밥물을 1.2배로 하는데 2호점은 1.5배로 하고 있었다. 김밥 마는 힘도, 자르는 크기도 제각각이었다. 결국 2호점은 6개월 만에 문을 닫았다.

이런 실패를 막으려면 모든 업무를 문서화해야 한다. 복잡할 필요 없다. 스마트폰으로 사진 찍고, 순서대로 설명만 붙이면 된다. 예를 들어 커피 만들기 SOP는 이렇게 만든다.

❶ 원두 18g을 계량한다. (사진)
❷ 탬핑은 15kg 압력으로 한다. (사진)

❸ 추출 시간은 25~30초를 유지한다. (사진)

이런 식으로 각 단계를 구체적으로 기록한다.

시간대별 업무도 표준화한다. 오픈 준비, 마감 정리, 재고 확인 등 반복되는 업무를 체크리스트로 만든다. 한 베이커리는 오픈 체크리스트를 만들었다.

□ 진열대 청소　　　□ 오븐 예열 180도
□ 당일 생산 계획 확인　□ 금전등록기 확인

·
·
·
·
·

이 베이커리는 이렇게 총 15개 항목을 매일 체크한다. 누가 오픈을 하든 같은 품질로 가게를 열 수 있다.

고객 응대도 표준화가 필요하다. 인사말, 주문받기, 불만 처리까지 스크립트를 만든다. "어서오세요, ○○입니다"로 시작해서 "감사합니다! 또 오세요"로 끝나는 전체 프로세스를 정리한다. 한 미용실은 고객 응대 7단계를 만들었다. 1단계 환영, 2단계 상담, 3단계 시술 설명, 4단계 시술, 5단계 마무리 확인, 6단계 다음 예약, 7단계 배웅 등 각 단계마다 해야 할 말과 행동을 구체적으로 정했다.

서울의 한 떡볶이 가게는 레시피북을 만들었다. 떡볶이 소스 배합부터 고명 올리는 순서까지 30페이지 분량으로 정리했다. 각 메뉴마다

📋 SOP 작성 템플릿 & 프로세스 맵

업무 표준화 누가 와도 똑같은 품질을 만듭니다

SOP란? Standard Operating Procedure (표준운영절차)

"이 일은 이렇게 하세요"라는 매뉴얼 | 누가 와도 똑같이 할 수 있도록 만드는 것이 핵심
복잡할 필요 없습니다. 스마트폰으로 사진 찍고, 순서대로 설명만 붙이면 됩니다.

⚠ SOP 없이 망한 김밥집 사례

1호점 성공 → 2호점 오픈 → 같은 재료인데 맛이 다름 → 원인 분석 결과: 밥물 비율이 다름(1.2배 vs. 1.5배), 김밥 마는 힘과 자르는 크기도 제각각 → 2호점 6개월만에 폐업
→ 해결책: 모든 업무를 문서화하고 표준화했다면 성공했을 것

◉ 커피 제조 SOP 프로세스 (5단계)

1	2	3	4	5
원두 계량	**그라인딩**	**탬핑**	**추출**	**서빙**
디지털 저울 사용	중간 굵기	15g 압력	25-30초 유지	컵/소서 준비
18g ± 0.5g	균일한 입자	수평 유지	크레마 형성 확인	적정 온도 확인
영점 확인 필수	즉시 사용	일정한 힘	적정 온도	고객에게 제공
○ 30초	○ 15초	○ 10초	○ 30초	○ 20초

📄 SOP 작성 템플릿

단계	세부 작업	담당자	소요시간	필요 도구/재료	품질 기준	체크포인트
1단계	원두 계량	바리스타	30초	디지털 저울, 원두	18g ±0.5g	저울 영점 확인
2단계	그라인딩	바리스타	15초	그라인더	중간 굵기	균일한 입자
3단계	탬핑	바리스타	10초	탬퍼	15kg 압력	수평 유지
4단계	추출	바리스타	30초	에스프레소 머신	25-30초	크레마 형성 확인
5단계	서빙	바리스타	20초	컵/소서	적정 온도	고객 확인

⏱ 시간대별 체크리스트

🔲 오픈 준비 (총 65분)

- ☐ 전기 장비 점검 (10분) - 정상 작동 확인
- ☐ 청소 및 정리 (30분) - 진열대/테이블 청결
- ☐ 재료 준비 (20분) - 신선도/유통기한 확인
- ☐ 금전 준비 (5분) - 거스름돈 준비
- ☐ 오픈 최종 점검 - 모든 항목 완료 확인

✔ 마감 정리 (총 85분)

- ☐ 매출 정산 (15분) - 일일 보고서 작성
- ☐ 재료 정리 (20분) - 냉장고 온도 확인
- ☐ 청소 (45분) - 전체 공간 완전 청결
- ☐ 보안 점검 (5분) - 출입문/창문 확인
- ☐ 마감 최종 점검 - 내일 준비 사항 확인

🍴 고객 응대 7단계 표준 스크립트

1	2	2	4
환영	**상담**	**주문 확인**	**서빙**
"안녕하세요. OO입니다. 어서오세요!"	"어떤 메뉴를 찾으시나요? 추천 메뉴는 OO입니다."	"OO 2개 맞으시죠? 잠시만 기다려주세요."	"주문하신 OO 나왔습니다. 맛있게 드세요."

5	6	7	
확인	**계산**	**배웅**	
"더 필요하신 것 있으시면 언제든 말씀해주세요."	"OO원입니다. 카드/현금 중 어떻게 하시겠어요?"	"감사합니다. 또 오세요!"	

필요한 재료량, 조리 시간, 플레이팅 방법을 사진과 함께 기록했다. 이 레시피북 덕분에 아르바이트생도 3일이면 혼자 조리할 수 있게 되었다.

SOP는 계속 개선되어야 한다. 처음부터 완벽할 수 없다. 실제 운영하면서 문제가 발생하면 SOP를 수정한다. 한 카페는 매월 마지막 주 월요일을 'SOP 개선의 날'로 정했다. 직원들이 모여 불편한 점, 개선할 점을 논의하고 SOP를 업데이트한다. 이렇게 1년간 개선을 거듭한 결과 신입 직원 교육 기간이 2주에서 3일로 단축되었다.

프랜차이즈화를 위한 시스템 구축

프랜차이즈는 단순히 간판을 빌려주는 것이 아니다. 성공 시스템을 복제하는 것이다. 당신의 가게가 프랜차이즈가 될 수 있을까? 세 가지 질문에 답해보자.

첫째, 다른 사람이 운영해도 같은 품질을 낼 수 있는가?
둘째, 수익 모델이 검증되었는가?
셋째, 차별화된 경쟁력이 있는가?

세 질문에 모두 "예"라고 답할 수 있다면 프랜차이즈화를 고려해볼 만하다.

프랜차이즈의 핵심은 복제 가능성이다. 스타벅스가 전 세계 어디서나 같은 맛을 내는 이유는 모든 것이 표준화되어 있기 때문이다. 원두 종류, 로스팅 정도, 물 온도, 추출 시간까지 정확히 정해져 있다. 우리도 이런 수준의 표준화가 필요하다.

먼저 핵심 상품을 정의한다. 모든 메뉴를 프랜차이즈화할 필요는 없다. 가장 잘 팔리고, 수익성이 높으며, 차별화된 3~5개 메뉴만 선정한다. 한 치킨집은 30개 메뉴 중 5개만 선택해 프랜차이즈 메뉴로 만들었다. 나머지는 각 가맹점이 자율적으로 운영하도록 했다. 핵심에 집중하니 품질 관리가 쉬워졌다.

공급망 구축도 중요하다. 가맹점이 늘어나면 재료 공급이 문제가 된다. 중앙 구매 시스템을 만들어야 한다. 한 샌드위치 프랜차이즈는 중앙 주방을 만들어 소스와 속재료를 일괄 생산한다. 가맹점은 빵만 구매하고 나머지는 본사에서 공급받는다. 품질이 일정하고 원가도 절감된다.

교육 시스템도 필수다. 가맹점주와 직원을 어떻게 교육할 것인가? 한 떡볶이 프랜차이즈는 3주 교육 프로그램을 운영한다. 1주 차는 본사에서 이론 교육, 2주 차는 직영점에서 실습, 3주 차는 자기 가게에서 본사 트레이너와 함께 운영한다. 교육을 마치면 인증서를 발급하고 매년 재교육을 실시한다.

또한 수익 구조를 명확히 해야 한다. 가맹비, 로열티, 재료 공급 마진 등을 합리적으로 설정한다. 너무 많이 가져가면 가맹점이 버티지 못하고, 너무 적게 가져가면 본사가 지원할 수 없다. 한 김밥 프랜차이즈는

뿌리 내리기: 지속 성장을 위한 체계적 경영

<프랜차이즈 준비도 평가 체크리스트>

1. 복제 가능성

- ☐ 다른 사람이 운영해도 같은 품질을 낼 수 있는가?
- ☐ 모든 레시피와 조리법이 문서화되어 있는가?
- ☐ 핵심 상품 3-5개가 명확히 정의되어 있는가?
- ☐ 맛과 품질의 표준화가 가능한가?

2. 수익 모델 검증

- ☐ 최소 1년 이상 안정적인 수익을 내고 있는가?
- ☐ 월 순익 500만 원 이상을 달성하고 있는가?
- ☐ 가맹점도 동일한 수익을 낼 수 있는가?
- ☐ 가맹비, 로열티 구조가 설계되어 있는가?

3. 차별화된 경쟁력

- ☐ 경쟁사와 구별되는 독특한 강점이 있는가?
- ☐ 고객이 반복 방문하는 이유가 명확한가?
- ☐ 브랜드 아이덴티티가 확립되어 있는가?
- ☐ 시장에서 3년 이상 검증되었는가?

4. 공급망 시스템

- ☐ 안정적인 재료 공급처가 확보되어 있는가?
- ☐ 중앙 구매 시스템 구축이 가능한가?
- ☐ 품질 관리 기준이 명확한가?
- ☐ 물류 배송 체계를 갖출 수 있는가?

5. 교육 시스템

- ☐ 체계적인 교육 프로그램이 있는가?
- ☐ 3주 이상의 실습 교육이 가능한가?
- ☐ 교육 매뉴얼이 완비되어 있는가?
- ☐ 정기적인 재교육 체계가 있는가?

6. 관리 역량

- ☐ 가맹점을 관리할 인력이 있는가?
- ☐ 슈퍼바이저 시스템을 운영할 수 있는가?
- ☐ 정기 점검과 피드백 체계가 있는가?
- ☐ 문제 발생 시 지원 시스템이 있는가?

평가 기준
18개 이상 체크: 프랜차이즈 준비 완료 | 12-17개 체크: 보완 후 진행 가능 | 12개 미만 체크: 추가 준비 필요

가맹비 1000만 원, 월 로열티 2%, 재료 마진 10%로 설정했다. 가맹점 월 순익이 500만 원 이상 나오도록 수익 모델을 설계한 것이다.

실패 사례도 참고하자. 한 분식 프랜차이즈는 너무 빨리 확장했다가 망했다. 1년 만에 50개 가맹점을 모집했는데 관리가 안 되었다. 맛도 제각각, 서비스도 중구난방이었다. 결국 가맹점들이 집단 반발하고 브랜드 이미지가 망가졌다. 천천히 하나씩 제대로 하는 것이 중요하다.

자동화 도구 활용으로 업무 효율 높이기

"바쁜데 일일이 기록하고 관리할 시간이 어디 있어?"

맞는 말이다. 그래서 자동화가 필요하다. 기술을 활용하면 시간은 줄이고 효율은 높일 수 있다. 비용? 생각보다 적게 든다. 월 몇만 원으로 시작할 수 있다.

POS 시스템부터 시작하자. 요즘 POS는 단순한 계산기가 아니다. 매출 분석, 재고 관리, 고객 관리까지 다 된다. 한 카페는 클라우드 POS를 도입한 후 놀라운 변화를 경험했다. 매일 2시간씩 걸리던 정산이 10분으로 단축되었다. 어떤 메뉴가 언제 많이 팔리는지 실시간으로 확인할 수 있어 재고 관리도 쉬워졌다.

예약 관리 시스템도 유용하다. 네이버 예약, 카톡 예약 등 무료 서비스를 활용하면 된다. 한 미용실은 네이버 예약을 도입한 후 노쇼(No-show)가 70% 감소했다. 예약 확인 문자가 자동으로 발송되고 취소도 간편해 고객 만족도가 올랐다. 직원도 전화 받느라 시간 낭비하지 않아 좋다.

재고 관리 자동화도 가능하다. 바코드 스캐너와 엑셀만 있으면 된다. 입고할 때 스캔, 출고할 때 스캔하면 자동으로 재고가 계산된다. 한 편의점은 이 방법으로 재고 조사 시간을 80% 단축했다. 매일 2시간 걸리던 재고 조사가 20분이면 끝난다.

마케팅 자동화도 놓치지 말자. 문자 발송 서비스를 활용하면 된다. 생일 축하 문자, 재방문 유도 문자, 신메뉴 안내 문자를 자동으로 보낼 수 있다. 한 음식점은 3개월 이상 방문하지 않은 고객에게 자동으로 할인 쿠폰을 발송한다. 이 간단한 자동화로 재방문율이 30% 증가했다.

직원 관리도 자동화할 수 있다. 출퇴근 관리 앱을 사용하면 근태 관리가 쉬워진다. 한 카페는 지문 인식 출퇴근 시스템을 도입했다. 월급 계산이 자동화되고 근무 시간 분쟁도 사라졌다. 초기 투자 30만 원으로 매달 10시간을 절약하고 있다.

대구의 한 빵집은 주문 제작 케이크 사업을 하는데 주문 접수부터 제작 일정 관리까지 모두 수기로 했다. 실수가 잦고 시간도 오래 걸렸다. 구글 폼과 구글 캘린더를 연동해 자동화 시스템을 만들었다. 고객이 구글 폼으로 주문하면 자동으로 캘린더에 등록되고 제작 D-1일에 알림이 온다. 주문 처리 시간이 70% 단축되고 실수도 제로가 되었다. 실제 자동화해 성공한 사례이다.

품질 관리 체크리스트와
개선 사이클

품질은 우연히 만들어지지 않는다. 체계적인 관리와 지속적인 개선의 결과다. 많은 소상공인이 우리는 늘 최선을 다한다고 말하지만, 정작 품질을 측정하고 관리하는 시스템은 없다. 최선을 다하는 것과 일정한 품질을 유지하는 것은 다르다.

PDCA 사이클을 활용하자. Plan(계획), Do(실행), Check(점검), Act(개선)의 반복이다. 한 삼겹살집의 사례를 들어보자.

- Plan: 고기 두께를 15mm로 통일한다.
- Do: 슬라이서를 15mm로 맞추고 자른다.
- Check: 매일 무작위로 5개를 측정한다.
- Act: 오차가 크면 슬라이서를 재조정한다.

이 간단한 사이클로 고기 두께 편차를 80% 줄였다.

일일 품질 체크리스트를 만들어야 한다. 체크 항목은 업종마다 다르지만 핵심은 고객이 중요하게 생각하는 것이다. 카페라면 커피 온도, 거품 양, 컵 청결도 등이다. 한 카페는 매일 오전 11시, 오후 3시, 저녁 7시에 품질 체크를 한다. 직원이 직접 커피를 마셔보고 5점 만점으로 평가한다. 4점 이하면 원인을 찾아 즉시 개선한다.

고객 피드백을 체계적으로 수집한다. "맛있었어요", "별로예요"로는

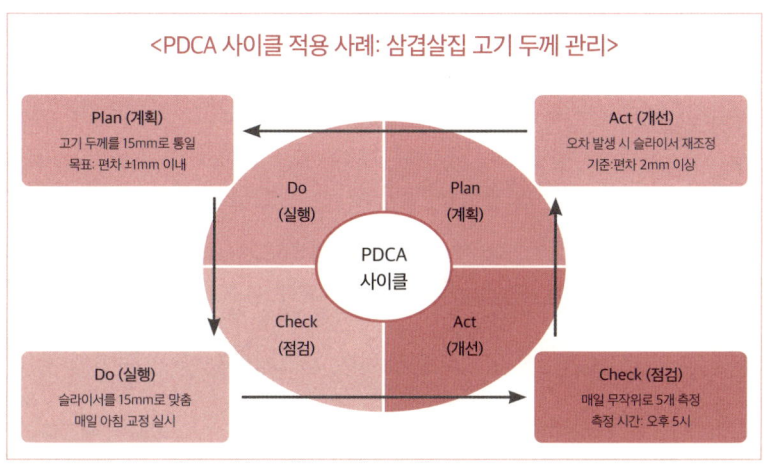

<PDCA 사이클 적용 사례: 삼겹살집 고기 두께 관리>

Plan (계획)
고기 두께를 15mm로 통일
목표: 편차 ±1mm 이내

Act (개선)
오차 발생 시 슬라이서 재조정
기준·편차 2mm 이상

PDCA
사이클

Do
(실행)

Plan
(계획)

Check
(점검)

Act
(개선)

Do (실행)
슬라이서를 15mm로 맞춤
매일 아침 교정 실시

Check (점검)
매일 무작위로 5개 측정
측정 시간: 오후 5시

개선할 수 없다. 구체적인 피드백을 받아야 한다. 한 중국집은 테이블마다 QR코드를 붙였다. 고객이 QR코드를 찍으면 간단한 설문이 나온다. "짜장면 간은 어땠나요? (짜다/적당/싱겁다)" 같은 구체적인 질문이다. 매주 데이터를 분석해 레시피를 조정한다.

정기적인 품질 회의를 연다. 매주 또는 매월 한 번 품질 이슈를 논의한다. 한 베이커리는 매주 월요일 아침 30분간 품질 회의를 한다. 지난주 불량품, 고객 불만, 개선 아이디어를 공유한다. 작은 문제도 모두 기록하고 추적한다. '빵이 탔다'라는 단순 기록이 아니라 '월요일 오전 10시, 2번 오븐, 식빵 3개 과도 굽기, 원인: 타이머 미설정'처럼 구체적으로 기록한다.

공급업체 관리도 품질의 일부다. 재료 품질이 일정해야 최종 제품 품질도 일정하다. 한 일식당은 공급업체 평가표를 만들었다. 납품 정시성, 품질 일관성, 가격 안정성을 매월 평가한다. 3개월 연속 기준 미달이면 공급업체를 교체한다. 이 시스템 도입 후 재료 불량률이 5%에서 0.5%로 감소했다.

품질 개선은 작은 것부터 시작한다. 한 김밥집은 김밥이 터지는 문제를 해결하기 위해 6개월간 실험했다. 밥의 양, 수분 함량, 김의 상태, 마는 강도 등을 하나씩 조정하며 최적점을 찾았다. 결국 밥 120g, 수분 58%, 김 실온 보관 2시간, 3회전 압력이 최적이라는 결론을 얻었다. 불량률이 10%에서 1%로 감소했다.

2호점 오픈 타이밍과 준비 사항

"언제 2호점을 열어야 할까?"

정답은 없다. 하지만 체크해야 할 조건은 있다. 첫째, 1호점이 안정적으로 운영되고 있는가? 매출이 6개월 이상 안정적이고 순이익률이 15% 이상이어야 한다. 둘째, 시스템이 준비되어 있는가? 운영 매뉴얼, 교육 시스템, 품질 관리 체계가 갖춰져 있어야 한다. 셋째, 자금이 충분한가? 2호점 투자금과 별도로 6개월 운영자금이 있어야 한다.

무엇보다 2호점 입지 선정이 중요하다. 1호점과 너무 가까우면 자기 잠식이 일어나고, 너무 멀면 관리가 어렵다. 적정 거리는 차로 20~30분이다. 한 치킨집은 1호점에서 반경 3km 이내는 피하고 10km 이내에서 선정한다는 원칙을 세웠다. 배달 지역이 겹치지 않으면서도 관리 가능한 거리다.

핵심 인력을 미리 준비한다. 2호점 점장은 최소 6개월 전부터 육성해야 한다. 1호점에서 충분히 교육받고 검증된 사람이어야 한다. 한 카페는 2호점을 열기 1년 전부터 점장 후보를 선발해 교육했다. 급여를 올려주고 의사결정 권한을 점진적으로 늘려갔다. 2호점 오픈 시 자연스럽게 점장이 되었다.

1호점과 2호점의 역할을 명확히 한다. 1호점은 플래그십 스토어로, 2호점은 수익 창출점으로 포지셔닝할 수 있다. 한 베이커리는 1호점에서 신메뉴를 테스트하고 검증된 메뉴만 2호점에 도입한다. 1호점은 실험실, 2호점은 공장 역할을 하는 것이다.

실패 사례에서 배우자. 한 파스타 전문점은 1호점 성공에 도취되어 동시에 3개 지점을 열었다. 관리가 안 되어 품질이 떨어졌고 결국 2개 지점을 6개월 만에 폐점했다. 한 번에 하나씩, 안정화된 후 다음으로 가는 것이 안전하다.

2호점 오픈 후 100일이 중요하다. 이 기간에 자리를 잡아야 한다. 매일 방문해 문제를 확인하고, 직원을 격려하며, 고객 반응을 살핀다. 한 삼계탕집 사장은 2호점 오픈 후 100일간 매일 2시간씩 2호점에서 일했다. 직접 서빙도 하고 주방도 돕다가 문제점을 발견하고 개선했다. 100일 후 2호점은 1호점 매출의 80%까지 올라왔다.

사업 확장은 꿈이자 도전이다. 하지만 준비 없는 확장은 악몽이 된다. 시스템을 만들고, 표준화하고, 자동화하고, 품질을 관리하고, 철저히 준비한 후 확장해야 한다.

로마는 하루아침에 이루어지지 않았다. 당신의 사업 제국도 마찬가지다. 튼튼한 시스템이라는 땅 위에 한 걸음씩 쌓아 올리자. 그러면 10호점 아니 100호점도 꿈이 아니다.

부록:
소상공인을 위한
추가 정보

<소상공인 지원 기관 및 지원 내용>

지원 기관	사이트명	주요 지원 내용
소상공인시장진흥공단	www.semas.or.kr	소상공인 정책자금, 교육, 컨설팅, 상권 정보 제공 등
기업마당	www.bizinfo.go.kr	정부 및 지자체의 모든 기업 지원사업 통합 안내 포털
서민금융진흥원	www.kinfa.or.kr	햇살론, 미소금융, 재창업·운영자금 등 서민금융 지원
IRIS 연구지원시스템	www.iris.go.kr	국가 연구개발사업 통합 관리 및 연구지원시스템
정부24	www.gov.kr	보조금·지원금·생활 정보 등 통합 정부 서비스 제공

지원 기관	사이트명	주요 지원 내용
온통청년	www.youthcenter.go.kr	청년 창업·취업·정책자금 등 청년 맞춤형 지원
중소벤처24	www.smes.go.kr	중소벤처기업부의 기업 정책·지원사업 통합 안내
창업진흥원 (K-Startup)	www.k-startup.go.kr	예비창업패키지·초기창업 패키지 등 창업지원사업 운영
중소벤처기업진흥공단 (KOSME)	www.kosmes.or.kr	정책자금, 수출 지원, R&D 및 스마트공장 지원
소상공인24	www.sbiz.or.kr	소상공인 지원사업, 자금 신청, 교육 정보 통합 포털

<소상공인 정책자금 총정리>

자금 종류	대상 요건	용도 및 주요 내용	대출 한도	금리(연)	상환 조건	주관 기관
일반경영 안정자금	업력 무관 및 기존 소상공인	운영자금, 유동성 확보	최대 7,000 만 원	기준금리 +0.6%p (약 2.5%)	5년 (2년 거치, 3년 상환)	소상공인 진흥공단
창업초기 자금	신규 창업자(1년 미만)	창업 초기 자금	최대 1억 원	고정금리 약 2.0%	6년 (2년 거치, 4년 분할 상환)	소상공인 진흥공단
소공인특화자금	제조업 소공인	시설·운전 자금	시설 5억 원 및 운전 1억 원	기준금리 +0.6%p	5~8년 (거치 2~3년)	소상공인 진흥공단
혁신성장 촉진자금	혁신형·일반형 기업	기술개발, 생산성 향상 등	시설 10억 원 및 운전 2억 원	기준금리 +0.4~0.6%p	6년 내외	중기부 + 소진공
청년고용 연계자금	청년 대표 및 청년 근로자 고용 기업	고용창출형 경영자금	최대 7,000 만 원	고정금리 약 2%	5년 (2년 거치, 3년 상환)	고용노동부 + 소진공
긴급경영 안정자금	재난·감염병·매출 감소 피해 기업	재난·매출 감소 대응 운전자금	최대 1억 원	고정금리 1.9~2.3%	3년 (1년 거치, 2년 상환)	지자체 + 소진공
신용취약 자금	중·저신용자 (NCB 기준)	신용도 개선용 운영 자금	최대 3,000 만 원	기준금리 +1.6%p	4년 (1년 거치, 3년 분할 상환)	소진공
재도전특별자금	폐업 후 재창업자 및 채무조정 이수자	재창업 자금, 재도전 지원	최대 7,000 만 원	기준금리 +0.6~1.6%p (약 2.0%)	5년 (1년 거치, 4년 상환)	중소벤처기업부
고용안정 특별자금	근로자 고용 유지 목적 기업	인건비, 고용 유지 자금	최대 3,000 만 원	고정금리 2.1% 내외	4년 (1년 거치, 3년 분할 상환)	고용노동부 + 소진공

출처: 소상공인시장진흥공단(소진공), 중소벤처기업부(중기부), 신용보증재단중앙회(2025.9기준)

<바로 쓰는 사업계획서 템플릿>

사업계획서는 사업 개요, 사업 아이디어 및 동기, 시장 분석, 재무 계획, 마케팅 전략 등의 핵심 요소로 구성된다. 아래 사이트에서 무료 템플릿을 다운로드하여 활용할 수 있다.

주요 다운로드 사이트

지원 사이트	제공 내용
예스폼(plan.yesform.com)	• 15,000개 이상의 사업계획서 샘플 제공 • PPT 템플릿 및 작성
미리캔버스(miricanvas.com)	• 무료 PPT 템플릿 제공 • 온라인에서 비로 수정 기능
잡코리아(jobkorea.co.kr)	• 다양한 PPT 양식 샘플 • 실무 예시 포함

<정부 지원 사업 연간 캘린더>

- 소상공인 컨설팅 지원
- 소상공인 온·오프라인 교육
- 소상공인 협업 활성화
- 지역상권 활력 지원(신규 사업)
- 혁신 소상공인 투자 연계(신규 사업)
- 소상공인 유통물류 지원
- 소공인 복합지원센터 구축·운영
- 소상공인 온라인 판로 지원

분기별 주요 일정

분기	주요 일정
1분기	연초 통합 공고 발표 및 상반기 지원사업 접수 시작
2분기	상반기 지원사업 선정 및 진행과 하반기 지원사업 준비
3분기	하반기 지원사업 접수 및 선정
4분기	차년도 사업 공고 준비 및 당해 사업 마무리

<유용한 정보 제공 사이트>

정부 지원 정보

정부 기관	주요 제공 내용
K-Startup (www.k-startup.go.kr)	창업지원포털, 상권정보시스템 제공
기업마당 (www.bizinfo.go.kr)	정부 지원사업 통합 공고, 분야별 검색 가능
소상공인24 공고 조회 (www.sbiz24.kr/#/pbanc)	소상공인 지원사업 공고 조회
소상공인 정책자금 (ols.semas.or.kr/ols/man/SMAN018M/page.do)	정책자금 융자 신청
판판대로 (소상공인 온라인마케팅 지원) (fanfandaero.kr/portal/preSprtBizPbanc.do)	온라인 마케팅 지원
중소벤처기업부 (www.mss.go.kr)	정책자금, 지원사업 공고
소상공인시장진흥공단 (www.semas.or.kr)	교육, 컨설팅, 정책자금 지원

지역별 소상공인지원센터

- 경기도시장상권진흥원(www.gmr.or.kr/base/main/view)
- 대전일자리경제진흥원(www.djbea.or.kr/board?menuId=MENU00535)
- 충청남도소상공인지원센터(sbiz.cepa.or.kr/sosang/main.do)
- 충청북도소상공인지원센터(www.cbsb.kr/home/main.php)
- 서울시 소상공인지원센터

상권 분석 및 정보

지원 기관	상권 분석 및 정보
소상공인365 빅데이터플랫폼 (sg.sbiz.or.kr)	업종별 상권 분석, 유동인구, 매출 정보 제공
서울시 우리마을가게 상권 분석 (golmok.seoul.go.kr)	서울시 지역별 상권 분석, 3년 생존율
경기도 상권 분석 서비스	경기도 지역 상권 분석, 예상 손익 분석
국토교통부 부동산공시가격	상가 임대료 참고 정보
민간 서비스	앳트래커, 마이프차, 캐시노트, 네모 등(유료/무료 혼합)

※ 소상공인365 콜센터: ☎ 1644-5302

사업자 등록 및 세무

정부 기관	지원 내용
국세청 홈택스(www.hometax.go.kr)	사업자등록, 세금신고, 현금영수증
정부24(www.gov.kr)	사업자등록 신청, 각종 인허가
4대보험 정보연계센터(www.4insure.or.kr)	4대보험 통합 신고
근로복지공단(www.kcomwel.or.kr)	산재보험 관련
국민연금공단(www.nps.or.kr)	국민연금 관련

마케팅 및 판매

관련 업체	지원 내용
네이버 스마트스토어	온라인 판매 플랫폼
쿠팡 파트너스	온라인 판로 개척
카카오톡 비즈니스	카카오 채널을 통한 고객 관리
구글 마이 비즈니스	지역 검색 최적화
정부 지원 프로그램(소진공)	소상공인 온라인판로 지원

교육 및 정보

지원 기관	지원 내용
소상공인시장진흥공단 교육센터	온·오프라인 무료 교육
K-Startup 교육	창업 관련 교육 프로그램
서울시 소상공인 지원센터	지역별 교육 및 상담
중소기업연수원	경영 교육 프로그램
각 지역 창업보육센터	멘토링 및 네트워킹

\<창업 준비 체크리스트\>

	체크리스트
사업 타당성 검토	☐ 사업 아이템 선정 및 사업성 분석
	☐ 목표 고객층 및 시장 규모 파악
	☐ 경쟁사 분석 및 차별화 전략 수립
	☐ 상권 분석(유동인구, 배후인구, 경쟁점포)
	☐ 입지 선정 및 임대료 협상
사금 빛 법적 준비	☐ 초기 투자비용 산정(인테리어, 설비, 재고 등)
	☐ 자금 조달 계획(자기자본, 대출, 정책자금)
	☐ 사업자등록 신청
	☐ 업종별 인허가 확인 및 취득
	☐ 상표 및 특허 등록 검토
운영 준비	☐ 제품/서비스 개발 및 테스트
	☐ 공급망 확보(원재료, 유통업체)
	☐ 인력 채용 및 교육 계획
	☐ 회계 시스템 구축(POS, 재고관리)
	☐ 마케팅 및 홍보 전략 수립

<경영 체크리스트>

	체크리스트
매출 및 재무 관리	☐ 일일 매출 집계 및 분석
	☐ 월간 손익계산서 작성
	☐ 현금흐름 점검(입출금, 미수금)
	☐ 고정비 및 변동비 관리
	☐ 목표 대비 실적 비교 분석
재고 및 구매 관리	☐ 재고 실사 및 회전율 점검
	☐ 발주 계획 수립 및 실행
	☐ 유통기한 관리 및 폐기 처리
	☐ 공급업체 평가 및 조정
세무 및 행정	☐ 부가가치세 신고(1월, 7월 / 개인사업자 1월, 4월, 7월, 10월)
	☐ 종합소득세 신고(5월)
	☐ 4대보험 납부 및 정산
	☐ 직원 급여 지급 및 원천징수

<고객 서비스 체크리스트>

	체크리스트
일상 서비스	☐ 고객 응대 매뉴얼 숙지 및 실천
	☐ 친절하고 신속한 서비스 제공
	☐ 매장 청결 및 정리정돈 유지
	☐ 제품/서비스 품질 일관성 유지
	☐ 고객 피드백 수집 및 기록
불만 처리	☐ 고객 불만 즉시 경청 및 공감 표현
	☐ 문제 원인 파악 및 해결책 제시
	☐ 신속한 조치 및 사후 관리
	☐ 불만 사례 기록 및 재발 방지 대책
	☐ 보상 정책 명확화(환불, 교환, 쿠폰 등)
고객 관계 관리	☐ 단골고객 관리(멤버십, 포인트 제도)
	☐ 고객 데이터베이스 구축 및 활용
	☐ 정기적인 프로모션 및 이벤트 기획
	☐ SNS 및 온라인 채널 관리
	☐ 고객 만족도 조사 실시

<노란우산공제>

소기업·소상공인이 폐업 시 생활 안정과 사업 재기를 위한 제도이다.

	주요 혜택
적립 방식	매월 5만 원부터 100만 원까지 자유롭게 적립 가능
복리이자 적용	적립금액에 대해 복리이자 적용
폐업·사망 시 보장	원금과 이자를 포함한 전액 일시금 지급
세제 혜택	종합소득세 신고 시 최대 500만 원까지 추가 소득공제
상해보험	상해로 인한 후유장해 및 사망사고 발생 시 최고 월 적립금 150배까지 보상금 지급
자산 보호	적립금액은 압류·양도·담보 제공 금지
가입 장려금	신규 가입 시 평균 12~24만 원, 최대 60만 원까지 희망장려금 지급

<소상공인 고용보험료 지원>

지원 내용

- 최대 5년간 매월 납부하는 고용보험료의 20~30% 지원
- 도내 자영업자 고용보험에 가입한 1인 소상공인(공동사업자의 경우 1인에 한해 지원)
- 사업장에 배우자 외 직원이 있는 경우 지원 불가
- 간편 접수 및 온라인 신청 가능

고용보험료 지원액

- 기준소득액에 따라 월 보험료의 20~30% 지원(예: 기준소득액 3,900,000 원 기준 → 월 지원액 24,960원)

- 문의: 종합상담콜센터 ☎ 1600-8001 (평일 09:00-18:00)

그럼에도, 당신의 성공을 믿는다

이 책을 다 읽은 당신에게 마지막으로 전하고 싶은 말이 있다. 우리 네 명의 저자가 각자의 현장에서 만난 수많은 소상공인을 떠올리며 하는 말이다.

정해숙 교수가 전하는 메시지

20년간 경영 컨설팅을 하며 만난 가장 인상 깊은 사업가가 있다. 작은 분식집을 운영하던 60대 사장님이었는데, 처음 만났을 때는 장부도 제대로 없었고 손익분기점도 몰랐다. 하지만 배움에 대한 열정만큼은 20대 청년 못지않았다. 매주 새로운 것을 배우고 적용했다. 3년 후 그분은 3개 매장을 운영하는 성공한 사업가가 되어 있었다.

나이도, 학벌도, 초기 자본도 성공의 절대적 조건이 아니다. 중요한 것은 배우고 실천하는 자세다. 이 책에 담긴 경영학적 원칙들을 하나씩 적용해나간다면 당신도 반드시 성공할 수 있다.

박현미 매니저가 전하는 메시지

창업보육 현장에서 17년을 일하며 깨달은 것이 하나 있다. 준비된 창업과 무작정 시작하는 창업의 성공률은 3배 이상 차이가 난다는 것이다.

많은 사람이 일단 시작하고 보자는 마음으로 창업에 뛰어든다. 하지만 전쟁에 나가면서 지도도 없이, 무기도 없이 나가는 것과 같다. 이 책의 PART 02에서 제시한 정부 지원 활용법, 사업계획서 작성법, 상권 분석법을 철저히 준비한다면 성공 확률을 크게 높일 수 있다.

기억하라. 기회는 준비된 자에게만 온다. 당신이 지금 이 책을 읽고 있다는 것 자체가 이미 준비하고 있다는 증거다. 그 준비가 결실을 맺을 것이라고 확신한다.

이경숙 원장이 전하는 메시지

바디테라피숍을 운영한 지 20년이 되어 가지만, 아직도 이 일을 완벽히 터득했다고 말할 수는 없다. 끝없는 시행착오와 노력 속에서 쌓인 작은 디테일들이 곧 나만의 브랜드가 되었고, 그 디테일이 단골과 충성고객을 만들어 주었다. 이런 현장 경험 덕분에 이제 소상공인을 위해 정부 지원 무료 컨설팅까지 할 수 있게 되어 몸과 마음은 더 바쁘고 지칠 때도 있지만, 그만큼 보람과 행복도 커지고 있다.

이 책을 덮는 지금, 여러분의 매장도 누군가에게 지친 하루를 위로

하는 '작은 행복의 장소'가 되기를 진심으로 바란다. 멈추지 않는 배움과 진심 어린 서비스로 각자의 자리에서 오늘도 묵묵히 버티고 성장하는 모든 소상공인을 뜨겁게 응원한다.

강성일 컨설턴트가 전하는 메시지

컨설팅을 하며 만난 가장 인상 깊은 회사가 있다. 직원 5명의 작은 제조업체였는데 처음에는 불량률이 20%가 넘었다. 하지만 CEO가 품질의 중요성을 깨닫고 체계적으로 접근했다. 6시그마 방법론을 단순화해서 적용하고 직원들과 함께 개선 활동을 벌였다. 1년 후 불량률은 1% 이하로 떨어졌고, 매출은 3배 증가했다.

작은 사업이라고 해서 체계가 필요 없는 것은 아니다. 오히려 작을수록 더 체계적이어야 한다. 실수할 여유가 적기 때문이다. 이 책의 PART 04에서 제시한 데이터 관리법, 인사관리 시스템, 업무 표준화 방법들을 하나씩 적용해보라. 당신의 사업이 한 단계 업그레이드될 것이다.

우리가 공통으로 전하는 마지막 메시지

우리 네 명이 이 책을 쓰면서 가장 많이 한 대화가 있다.

"이 내용이 정말 도움이 될까?", "너무 이상적인 이야기는 아닐까?", "현실적으로 적용 가능할까?"

하지만 결론은 항상 같았다. 우리가 제시한 모든 방법은 실제 현장에서 검증된 것들이다. 이론으로만 그친 것이 아니라 실제로 성공을 만들어낸 방법들이다.

물론 모든 것을 한꺼번에 적용하려고 하지는 마라. 당신의 현재 상황에서 가장 필요한 한 가지부터 시작하라. 손익분기점 계산이 시급하다면 PART 01부터, 창업 준비가 필요하다면 PART 02부터, 고객 관리가 급하다면 PART 03부터, 시스템 구축이 필요하다면 PART 04부터 시작하라.

중요한 것은 시작하는 것이다. 완벽하지 않아도 괜찮다. 실수해도 괜찮다. 배우고 개선하면 된다. 우리도 처음부터 완벽했던 것은 아니었다. 수많은 실패와 시행착오를 거쳐 지금의 노하우를 쌓았다.

마지막으로, 당신이 이 길을 혼자 걷고 있다고 생각하지 마라. 전국에는 당신과 같은 꿈을 가진 수많은 소상공인이 있다. 그들과 네트워크를 만들고 서로 도우며 함께 성장하라.

우리 네 명의 저자도 언제나 당신을 응원하고 있다. 이 책이 당신의 성공 스토리를 만들어가는 데 작은 보탬이 되길 바란다.

그럼에도, 당신의 성공을 믿는다. 반드시 성공할 것이라고 믿는다.

정해숙, 박현미, 이경숙, 강성일
2026년 1월